[POP SONG] ③ 팝송영어 에세이 ENGLISH ESSAY

서용득

YOUNG

팝송 영어 에세이 ③

초판인쇄	2018년 4월 5일
초판발행	2018년 4월 10일
저자	서용득
발행인	나영옥
발행처	도서출판 **영**
주소	경기도 고양시 일산서구 탄현로 133, 113동 1404호(탄현동, 일산임광진흥아파트)
전화	031) 904-7905~6
팩스	031) 904-7907
등록번호	825-90-00389
E-mail	youngpub@naver.com
ISBN	979-11-88743-43-8 93740

정가 15,000원

CONTENS

들어가면서

우리가 살아가면서 듣게 되는 소리에는 여러 가지가 있습니다. 우리는 자연의 소리, 인간을 포함한 동물의 소리와 악기를 포함한 기구나 기계 소리 등 다양한 소리에 대해 크게 의식하지 못하지만 소리는 무의식적으로 우리의 삶에 영향을 끼치고 있습니다. 이 가운데 가장 소중한 소리는 인간의 목소리일 것입니다. 소리 가운데 아름다운 소리를 음악이라고 일컫습니다. 인간의 목소리에 한정해서 생각해볼 수 있는 노래에는 혼자서 부르는 노래, 둘 이상이 부르는 노래 그리고 여럿이 함께 부르는 합창도 있습니다.

노래를 들으면서 우리는 각자에게 주어진 삶의 여정을 이어갑니다. 우리말로 된 노래도 감동을 주고 다른 언어로 된 노래도 감동을 줍니다. 감동이 노래가 주는 가장 큰 느낌일 것입니다. 이 감동은 노래를 듣는 사람의 살아오면서 겪은 경험과 그 사람이 처한 상황 등이 복합적으로 작용하여 나타날 것입니다. 노래는 다양한 호흡의 일부분이긴 하지만 노래에는 느낌이 담겨져 있습니다. 이런 느낌은 인간의 정서를 그대로 반영하고 있다고 볼 수 있습니다. 이런 노래 가운데 우리가 흔히 듣고 있는 영어로 된 노래 가운데 대표적인 노래가 팝송일 것입니다. 다양한 팝송들이 시대의 변천에도 계속 이어져 오고 있습니다. 팝송은 인간이 살아가면서 부닥치면서 겪게 되는 인간의 생각과 느낌들이 반영된 결과일 것입니다.

우리가 영어로 된 팝송을 들을 때 단순히 노래의 흐름으로 듣는 경우가 많습니다. 그렇지만 노래의 흐름뿐만 아니라 노래 가사의 뜻을 함께 생각하면서 노래를 듣게 되면 훨씬 더 팝송 속으로 빠져들게 될 것입니다. 시도 마찬가지이지만 팝송의 소리와 의미는 손등과 손바닥과의 관계와 마찬가지로 뗄레야 뗄 수 없는 공생관계입니다.

이 책은 '사랑'을 주제로 한 팝송의 의미를 생각하면서 동시에 영어 발음으로서의 소리를 이해한 후 제대로 팝송이 들릴 수 있도록 친절하게 설명하고 있습니다. 더 나아기 이 책에서는 팝송에 나타난 영어 표현을 제대로 이해하고 다양하게 활용할 수 있는 길도 제시되고 있습니다. 팝송을 소리로 제대로 이해하고, 뜻으로 제대로 이해하면서 영어 이해도 하는 것이 이 책의 목적입니다. 그리고 팝송을 영어로서 다루고 있으면서 제대로 된 영어 소리를 들을 수 있는 방법과 동시에 주어진 팝송을 통해 이런 저런 생각을 해볼 수 있는 기회를 갖기 위해 에세이 형식으로 팝송에 대해 줄글을 덧붙여 놓았습니다. 우리가 팝송을 제대로 듣고 이해하면서 그 팝송이 나의 삶의 과정에 어떤 의미를 제공할 때 비로소 제대로 팝송을 듣는다고 할 수 있습니다.

팝송을 제대로 듣기 위해 처음에는 노래의 전체 분위기를 알기 위해 처음부터 끝까지 한 번 들어봅니다. 그리고 나서 두 번째 들을 때는 영어 소리를 제대로 듣고, 내용을 파악하는데 중요한 내용낱말(content words) 중심으로 듣습니다. 마지막에 영어 소리와 노래 가사를 동시에 음미하면서 노래의 분위기에 흠뻑 빠져보는 것입니다. 그러니까 적어도 하나의 팝송을 세 번은 관심을 갖고 주의깊게 들어야 팝송을 제대로 감상할 수 있습니다.

아울러 팝송을 영어 수업 시간에 적용하면 영어 학습에 대한 동기유발도 가져올 수 있고, 영어에 대한 관심도 더 높일 수 있을 것입니다. 유튜브(youtube)에 접속하여 팝송을 듣게 되면 영상과 함께 팝송을 더 재미있게 그리고 잘 즐길 수 있을 것입니다.

책속에 나오는 sb는 somebody(어떤 사람, 누구)를 나타내고 sth은 something(어떤 것, 무엇)을 나타냅니다. 그리고 팝송의 한글 옮김에서 구두점(句讀點)은 노래의 자연스러운 흐름을 고려하여 표기하지 않았습니다.

pop song English essay ③

PART

팝송영어 소리를 제대로 듣는 요령

영어는 음절언어(syllable language)인 한국어와 달리 고저언어(pitch language)입니다. 음절언어는 낱말의 길고 짧은 형식으로 이어져가는 반면, 고저언어는 낱말의 높낮이로 이어져갑니다. 한국 사람들이 영어로 소리를 내거나 영어 소리를 들을 때 이 점을 놓치고 있기 때문에 제대로 영어 발음을 하거나 영어 듣기를 할 때 어려움이 뒤따르는 것입니다. 시작부터 제대로 영어 소리를 들어야 하는데, 그렇지 못한 경우가 대부분이어서 저는 안타깝게 생각합니다.

영어를 들을 때 들려오는 내용을 모두 들으려고 하면 번번히 실패하게 되고, 나중에는 듣는 것 자체를 포기하는 경우가 더러 있습니다. 고저언어인 영어의 내용을 파악하기 위해 크게 들려오는 소리인 내용낱말(content words)을 중심으로 내용을 파악하려고 해야 합니다. 그래야만 영어를 들을 때 지치거나 포기하지 않게 되고 반복적으로 영어를 듣는 습관을 갖게 되면 차츰 영어의 내용을 이해하게 됩니다.

우리가 영어 소리를 듣거나 말을 할 때 우리의 예측－표기된대로 듣거나 말해야 될 것으로 생각하고 있는 현상－을 벗어난 경우에는 우리로 하여금 영어 소리를 이해하는데 큰 어려움이 뒤따릅니다. 그러니까 눈으로 보이는 영어와 귀로 듣고 말로 하는 영어가 차이가 나는 현상을 규칙으로 만들어 놓았는데, 그것을 음변화 또는 음운변화(sound changes)라고 합니다.

영어 소리를 들을 때 정상적인 속도나 조금 빨리 들리는 소리의 경우 어떤 소리는 이웃 철자와 닮기도 하고, 이어지기도 하고, 없어지기도 하고 또한 주의해서 소리를 들어야 할 경우도 있습니다. 이런 현상을 음변화 또는 음운변화라고 합니다. 영어의 음변화에는 이어지는 소리(연결), 닮는 소리(동화)와 없어지는 소리(탈락)가 있습니다. 그 외에 영어를 듣거나 발음해야 할 때 유의해야 할 것으로 줄어진 소리(축약)와 주의해서 듣거나 발음을 해야 하는 경우로 나누어 볼 수 있습니다. 음변화는 규칙이기 때문에 다음에 설명하는 내용을 이해하고 스스로 연습을 하게 되면 영어를 제대로 들을 수 있게 됩니다.

01 이어지는 소리(연음)

영어에서 두 가지 이상의 낱말이 이어져 나올 경우에 두 개의 낱말이 서로 붙어서 소리가 나는 경우가 많습니다. 두 개의 낱말이 서로 붙어서 소리가 나게 되는 이어지는 소리 즉, 연음(連音; linking, liaison) 또는 연결(連結)에는 자음이동과 약모음이동의 두 종류가 있습니다. 두 개가 한 개로 붙어서 소리가 나기 때문에 영어가 외국어인 우리나라 영어발음 학습자들에게는 이런 소리를 이해하는데 힘들 수밖에 없습니다. 특히 중요하지 않은 낱말의 철자가 붙어서 소리가 나는 것 때문에 중요한 내용 낱말을 놓치는 경우가 대부분입니다.

이어지는 소리 현상은 대부분의 한국 영어 학습자들에게 힘들게 하는 영어 발음이라고 할 수 있습니다. 그런데 이 현상도 규칙이기 때문에 현상을 이해하고 어느 정도 연습만 하고 나면 그렇게 힘든 것이 아님을 알게 될 것입니다.

1) 자음이동

자음이동(子音移動; consonant transfer)은 가까이 있는 두 개의 낱말이 이어져 나올 경우 앞 낱말의 끝 철자가 뒤에 있는 낱말의 앞에 가서 붙어 소리가 나는 현상입니다. She works in London.에서 works의 끝에 있는 자음 's'가 그 뒤에 있는 in의 앞으로 가서 붙어 소리가 나는 현상입니다. 그러니까 '웍스 인'이 아닌 '웍신'으로 발음됩니다. 이런 예문들은 다음과 같습니다.

It'**s** ↷ **on** sale today.
That's very kin**d** ↷ **of** you.
It depend**s** ↷ **on** the weather.
I**s** ↷ **it** all right i**f** ↷ **I** smoke?
A nurse work**s** ↷ **in** ↷ **a** hospital.

그런데 'kind of'의 경우, 자음이동이 되어 '카인더브'로 되는 경우도 있고, 나중에 설명이 되겠지만 'nd'에서 'd'가 'n'을 닮아 콧소리가 되는 현상으로 '카이너브'로 발음이 되는 경우도 있습니다. 그리고 앞 낱말의 끝부분이 모음인 경우—대개 모음 e가 나오는데— e가 거의 약하게 들리게 되어 무시된 채 모음 e 앞에 있는 자음이 뒤에 나오는 낱말 앞에 가서 붙어 소리가 나는 경우도 더러 있습니다. 자음이동은 곧 이어 나올 약모음이동과 방향이 반대입니다.

2) 약모음이동

약모음이동(弱母音移動; weak vowel shift)은 두 개의 낱말이 이어져 나올 경우, 가까이 있는 두 개의 낱말에서 뒤에 있는 낱말의 앞부분에 있는 철자인 약모음[ə]이 앞에 있는 낱말의 뒤에 가서 붙어 소리가 나는 현상입니다. 자음이동과 방향이 반대입니다. Are you i**n a** hurry?에서 뒤에 있는 낱말의 약모음 **a[ə]**가 앞에 있는 낱말에 붙어서 '인 어'가 아닌 '이너'로 소리가 나는 현상입니다.

I ha**ve** ↶ **a** headache.
Children cannot swi**m** ↶ **a**lone.
Why don't we ta**ke** ↶ **a** break?
Should I li**ve** ↶ **a**lone or wi**th** ↶ **a** roommate?
Sorry I didn't answer the phone righ**t** ↶ **a**way.

02 닮는 소리(동화)

닮는 소리는 동화(同化; assimilation)라고 합니다. 닮은 소리는 가까이 있는 두 개의 소리가 서로 닮아서 다른 소리로 나는 것을 일컫습니다. 닮는 소리에는 네 가지 현상 즉, 단타음화, 구개음화, 비음화와 역행동화가 있습니다. 모든 영어 소리가 이런 현상이 있는 것은 아니지만 미국영어(American English)에서 두드러지게 나타나는 현상입니다.

1) 짧게 치고 나오는 소리되기

짧게 치고 나오는 소리되기는 단타음화(單打音化; Flapped "t")라고 불리어지기도 합니다. 짧게 치고 나오는 소리되기는 철자 t(tt)나 d(dd)가 강한 모음(강모음)과 약한 모음(약모음) 사이에 놓이게 되면 t도, d도, r도 아닌 소리가 납니다. 강한 모음은 기본 모음인 a, e, i, o, u가 제대로 음을 내어 소리를 내는 것입니다. 약한 모음은 기본 모음이 약하게 소리를 내는 것으로 주로 [ə]로 소리를 내는 것입니다. 한 개의 영어 낱말에서 모음에 강세를 받게 되는데, 여러 개의 모음이 있다할지라도 한 개만 강하게 소리를 내고 다른 모음은 약하게 소리를 냅니다. I walk much better than I ride!에서 better는 '베터'가 아닌 '베러'에 가깝게 발음됩니다. 그리고 He is climbing a ladder.에서 ladder는 '래더'가 아닌 '래러'에 가깝게 발음됩니다. 짧게 치고 나오는 소리인 경우 한글로 표기할 수 없는 발음이지만, 영어로는 'r'로 표시합니다. 이런 음변화는 미국영어에서 자주 나오는 현상입니다. 이 현상을 익히려면 소리를 내어 발음연습을 해보고 듣는 방법 이외에는 다른 길이 없습니다.

Drink a lot of water (wat⌒er).
I got⌒a job in a clothing factory.
I get⌒up early to catch the first train.
I'm looking for a battery (bat⌒tery) for this camera.
Are you getting (get⌒ting) ready for the party (part⌒y)?

2) 구개음화

닮은 소리 가운데 하나인 구개음화(口蓋音化; palatalization)는 두 가지 즉, d[d]와 y[j]가 합쳐지면 [ʤ]로 소리가 나는 경우([d]+[j]=[ʤ])와 t[t]와 y[j]가 합쳐지면 [ʧ]로 소리가 나는 경우([t]+[j]=[ʧ])가 있습니다. 그런데 이 두 가지의 경우로만 발음되는 것은 아니고 따로 따로 발음을 하는 경우도 있습니다. Did you have a good weekend?에서 Did you의 d[d]와 y[j]가 이어져 나오면서 합쳐져 소리가 나게 되면 '디더 유'로 발음되기 보다 '디쥬'에 가깝게 발음됩니다. 그리고 What about you?에서 about you의 t[t]와 y[j]가 이어져 나오면서 합쳐져 소리가 나게 되면 '어바웃 유'로 발음되기 보다 '어바 우츄'에 가깝게 발음됩니다. 이런 현상은 미국영어(American English)에 좀 더 두드러진 현상입니다. 특히 팝송의 경우 대부분 이 소리 현상이 지켜지는 경우가 대부분입니다.

Di**d** ⌒ **y**ou see that?
How di**d** ⌒ **y**ou get there?
Coul**d** ⌒ **y**ou tell me where the bank is?
What kind of bread woul**d** ⌒ **y**ou like?
When di**d** ⌒ **y**ou go to the gym on Saturday?

I know wha**t** ⌒ **y**ou mean.
Why don'**t** ⌒ **y**ou call her?
You play football, don'**t** ⌒ **y**ou?
I'll mee**t** ⌒ **y**ou at your house.
Aren'**t** ⌒ **y**ou going to see a movie tomorrow?

3) 콧소리되기

닮는 소리에서 콧소리되기 즉, 비음화(鼻音化; nasalization)는 철자 nt가 붙어 있는 경우에 해당됩니다. What kind of art?에서 콧소리되기는 'nt'에서 뒷소리 't' 앞에 있는 콧소리 'n'을 닮아 콧소리로 되는 현상입니다. 'nt'에서 't'는 앞에 있는 콧소리

'n'을 닮아서 'n'으로 변하여 'nn'이 된다. 'nn' 'n'이 두 번 겹쳐 나오기 때문에, 앞의 'n'은 탈락됩니다. 따라서 'nt'는 'n'으로 발음된다. 'nt'음이 반드시 이렇게 되는 것은 아니지만, 일상적인 구어체에서 많이 들을 수 있는 현상입니다.

그런데 'nt'만이 콧소리로 되는 것은 아니고 'nd'도 콧소리로 되는 경우가 가끔씩 있습니다. 그 이유는 't'나 'd'는 같은 위치에서 소리가 나는 무성음과 유성음이기 때문입니다. 그리고 don't나 doesn't의 경우 바로 뒤에 자음으로 시작되는 낱말이 놓이기 때문에 't'가 탈락될 수도 있습니다.

It was disappoi**nt**ing.

The man is pai**nt**ing a picture.

You've always wa**nt**ed to work overseas.

I have an appoi**nt**ment every week at this time.

This is a nice party, is**n't** it? Everyone is so friendly.

What ki**nd** of work do you do?

She's ki**nd** of tall with brown hair.

I'm not desperate to fi**nd** a job at the moment.

Do you mind le**nd**ing me this book? I'd like to read it.

Yeah I do a lot of cooking. I ki**nd** of enjoy it. It helps me relax.

4) 역행동화

닮는 소리 현상 가운데 역행동화(逆行同化; retro-assimilation)는 뒷소리의 영향을 받아 앞의 소리가 바뀌면서 닮는 현상입니다. 여기에는 let me~와 give me~의 경우가 있습니다.

(1) let me~의 경우

Let me introduce myself.에서 let me의 경우에는 let의 't'가 me에 있는 'm'의 영향을 받아 'lem'으로 변합니다. 따라서 lemme로 되는 현상입니다. 이

상태에서 표기되기도 하지만, 소리는 'mm'이 겹치기 때문에 앞의 'm'이 탈락되어 '레미'에 가깝게 발음됩니다.

Let me see.
Let me see your receipt.
Let me get you some aspirin.
I don't know, let me take a look.
Just let me have a look at her schedule.

(2) give me~의 경우

Can you give me his phone number?에서 give me의 경우에는 give에서 끝에 있는 모음 e는 본래 소리가 약해 잘 들리지 않습니다. 그래서 give의 'v'가 me에 있는 'm'의 영향을 받아 'gim'으로 변합니다. 따라서 gimme로 변하는 현상입니다. 이 상태에서 표기되기도 하지만, 소리는 'mm'이 겹치기 때문에 앞의 'm'이 탈락되어 '기미'에 가깝게 발음됩니다.

Give me another part.
Could you give me a ride?
Could you give me the address?
Just give me a tuna fish sandwich.
Can you give me an example of that?

03 없어지는 소리(탈락)

없어지는 소리는 탈락(脫落; deletion)이라고 합니다. 없어지는 소리는 네 가지 경우에 일어납니다. 첫째, k/g, p/b, t/d가 자음과 자음 사이에 놓이면 없어져 버립니다. 둘째, 가까이 있는 두 개의 낱말 또는 한 개의 낱말에서 같은 철자가 이어져 나오게 되면 앞에 있는 철자가 없어집니다. 셋째, 두 개의 낱말에서 가까이 있는 두 개의 철자 발음이 비슷하면 앞에 있는 철자가 없어집니다. 넷째, 두 개의 낱말에서 가까이 있는 두 개의 철자가 다르지만 발음이 같으면 앞에 있는 철자가 없어집니다. 이 네 가지가 없어지는 소리 현상입니다.

1) k/g, p/b, t/d가 자음과 자음 사이에 있는 경우

It depends.에서 depends의 경우에는 뒷부분에 있는 'd'가 소리나지 않습니다. 영어 소리를 낼 때 여섯 개의 철자 k/g, p/b, t/d가 자음과 자음 사이에 놓이면 없어집니다. k/g, p/b, t/d가 파열음(破裂音)으로 발음을 할 때 갑자기 터져 나오는 소리이기 때문에, 발음을 할 때 철자와 철자 사이에 공기를 넣어줄 시간이 없게 됩니다. 대부분의 자음은 모음과 더불어 사이좋게 가까이 놓여 있어 자음과 모음 모두 제대로 소리를 낼 수 있는데, 세 개의 자음이 연이어 나오는 경우에는 결국 사이에 있는 자음이 치일 수밖에 없습니다. 더더구나 이 여섯 개의 철자의 왼쪽과 오른쪽에 자음이 있기 때문에 어쩔 도리가 없이 소리내기가 힘들어져 아예 소리를 내지 못하게 됩니다. 이런 음변화는 영어 발음에서 자주 나오는 것이기 때문에 꼭 알고 있어야 합니다.

Than**k**s!
I visited my gran**d**children.
Could I take nex**t** Monday off?
Some of the studen**t**s did very well.
We hope you all have a very merry Christmas.

2) 가까이 있는 두 개의 낱말 또는 한 개의 낱말에서 같은 철자가 겹치게 되는 경우

I think I went twice.에서 went의 't'와 twice의 't'의 경우에 앞의 't'는 탈락이 됩니다. 이와 같이 가까이 있는 두 개의 낱말 또는 한 개의 낱말에서 같은 철자가 이어져 나오게 되면 앞에 있는 철자가 없어집니다. 영어에서 똑같은 두 개의 철자가

이어져 나올 때 앞의 철자가 생략하여 발음하게 됩니다. 한국어의 된소리는 영어에서 제대로 소리가 나지 않는다는 뜻이 됩니다. 이런 탈락은 한 낱말 안에서도 있을 수 있겠지만, 두 낱말이 이어져 나올 경우에도 해당이 됩니다.

We went swi**m**ming.

The lamp is nex**t** to the table.

Jane stays at home wi**th** the baby.

Wha**t** time was the conference call?

I wan**t** to know the results of the election.

3) 두 개의 낱말에서 가까이 있는 철자의 발음이 비슷한 경우

When did the package arrive?에서 did와 the의 경우에 did의 'd'[d]와 the[ðə]의 [ð]가 발음이 비슷하여 앞의 the가 탈락됩니다. 두 개의 낱말에서 가까이 있는 철자의 발음이 비슷하면 앞에 있는 철자가 없어집니다. 이런 경우 단순히 철자가 비슷한 경우가 많지만, 결과적으로 소리가 비슷한 경우에 해당된다고 보는 것이 더 알맞을 것 입니다. 이런 탈락 현상은 주로 자음 두 개가 연이어 있을 때 일어나는 경우가 대부분입니다.

Why i**s sh**e happy?

They ha**d t**o leave yesterday.

Have you me**t the** new manager?

I just me**t the** new board members.

The cleaner's is nex**t d**oor to the bank.

4) 두 개의 낱말에서 가까이 있는 철자가 다르지만 발음이 같은 경우

Police say.에서 Police의 'ce'[s]가 발음되고, say의 's'와 같은 발음이 되기 때문에, 앞의 'ce'가 탈락되어 '폴리 세이'에 가깝게 발음됩니다. 이와 같은 현상은 영어에서 드문 경우입니다. 이 경우는 두 개의 낱말에서 가까이 있는 철자가 다르지만 발음이 같으면 앞에 있는 철자가 없어집니다. 이런 경우는 없어지는 소리 현상인 탈락이긴 하지만 영어에서 드물게 나옵니다.

I've lived here since September 1st.
He has not seen her since Saturday.
I stayed home and watched television.
They've been so kind to me since Sara died.
I'm sure he will have arrived downtown by now.

04 줄어진 소리(축약)

일반적으로 우리가 영어의 모든 음을 하나하나 분리하야 또렷하고 분명하게 소리를 내는 것은 아닙니다. 이런 경우 언어의 경제성 때문에 줄여서 소리를 내는 경우가 많습니다. 줄어진 소리 또는 줄인 소리는 축약(縮約; contraction)이라고도 합니다. 이것은 낱말의 일부를 아포스트로피(')(apostrophe)를 찍고 줄여서 소리를 내는 현상입니다.

줄어진 소리의 경우, 우리가 잘 아는 경우와 같이 Be 동사, Have 동사나 부정형 등과 같이 일반적으로 줄이는 경우—I am=I'm, You are=You're, He is=He's, She is=She's, I/He/She was not=I/He/She wasn't, You/We/They were not=You/We/They weren't, He has=He's, She has=She's, He have=He've, She have=She've, They have=They've, Here is not=Here isn't, There is not=There isn't, Here are not=Here aren't, There are not=There aren't, I/You do not=I/You don't, She/He does not=She/He doesn't—등이 있고, 낱말의 일부를 줄이는 경우— because='cause, madam 또는 madame=ma'am —등 또는 소리가 나는대로 발음하는 경우—I don't know-I dunno— 등과 이어지는 발음을 하는데 어려움이 있기 때문에 줄이는 경우—doing=doin', and='n, I miss them=I miss 'em—등과 도우미동사(조동사)를 줄이는 경우—I/He/She/We/They will=I/He/She/We/They'll, He will not=He won't, I could not=I couldn't, She should not=She shouldn't—등이 있습니다.

줄어진 소리 가운데 가장 어려운 발음은 '~'ll'의 경우입니다. 그 이유는 여기에 있는 철자 'l'이 우리나라 발음에는 없는 소리이면서, 영어에서 제대로 소리를 내려고 하면 혀를 입천장에 붙여서 소리를 내야 하기 때문에, 가장 어려운 축약 현상 가운데 하나가 되고 있습니다.

How**'re** you doing?
I**'d** like a single room, please.
That**'s** OK. Do**n't** worry about it.
I**'ll** pick you up on Friday, around 7: 30.
Well, there**'s** a jazz concert at Jack**'s** Place.

05 주의해야 할 발음

영어에서 주의해야 할 발음으로 tr~과 dr~ 소리의 경우, wh~ 소리의 경우, can과 can't의 경우, have to, has to와 had to의 경우, used to의 경우, 허물없이 발음하는 경우, one of~ 등의 경우와 도우미동사(조동사)의 과거+have+동사의 과거분사의 경우에 주의해서 발음을 해야 하는 경우가 해당됩니다.

1) tr~과 dr~ 소리의 경우

(1) tr~발음의 경우

'tr~'의 발음은 '츠'와 '추'의 중간쯤 되는 소리로 '츄'에 가깝게 발음됩니다. 아마도 'tr~'은 두 자음이 이어져 나오기 때문에 발음을 하려다 보면 't'와 'r'의 거리가 상당히 멀리 떨어져 있기 때문에, 그 두 소리의 중간쯤을 발음하려고 하는 경향이 있을 것입니다. 우리나라에서 한글로 표기할 때는 '트ㄹ~'로 하고 있습니다. 가령 trip은 '츄립'이 아니라 '트립'으로 표기한다는 뜻입니다.

We planted a screen of tall **tr**ees.

Try to do without tobacco and alcohol.

Muscles con**tr**act and relax during physical activity.

I've been in **tr**ouble since I was eleven years of age.

EU citizens can now **tr**avel freely between member states.

(2) dr~발음의 경우

'dr~'의 발음은 '드'와 '주'의 중간쯤 되는 소리로 '쥬'에 가깝게 발음됩니다. 아마도 'dr~'은 두 자음이 이어져 나오기 때문에 발음을 하려다 보면 'd'와 'r'의 거리가 상당히 멀리 떨어져 있기 때문에, 그 두 소리의 중간쯤을 발음하려고 하는 경향이 있을 것입니다. 우리나라에서 한글로 표기할 때는 '드ㄹ~로' 하고 있습니다. 가령 drip은 '쥬립'이 아니라 '드립'으로 표기한다는 뜻입니다.

Her face was **dr**ipping with sweat.

Would you care for another **dr**ink?

He crashed into a tree in **dr**iving rain.

The air smelled powerfully of **dr**y dust.

The money is safely locked in a **dr**awer.

2) wh~ 소리의 경우

'wh~'로 시작되는 영어 발음은 우리가 실제 알고 있는 것과 다르게 들립니다. 'wh~'로 시작되는 낱말은 'w' 뒤에 있는 'h'의 소리가 보통 들리지 않습니다. 그러니까 where의 발음은 '훼어'로 들린다기 보다 '웨어'에 가깝게 들린다는 뜻입니다. 여기에 해당되는 것으로 what, why, when, which와 white 등이 있습니다. 그러나 사람과 관련된 who, whose, whom은 예외로 'h'의 소리가 나서 who의 경우 '후'라고 발음하지 '우'라고 발음하지 않습니다.

Why did he do it?

Which is the shortest day of the year?

Stop bothering me **wh**en I'm working.
It will certainly be a **wh**ite Christmas for some.

Who does this watch belong to?
So **wh**ose party was it last night?
"I want to send a telegram."-"Fine, to **wh**om?"

3) can과 can't의 경우

can과 can't는 구별하여 소리를 내야 합니다. can과 can't는 기능낱말(기능어)이기 때문에 약하게 발음합니다. 그런데 can이 문장의 끝에 오는 경우에는 [kæn]으로 발음하고, 글의 중간에 들어가는 경우에는 [kən]과 같이 약하게 소리가 납니다. 그리고 can't의 뒤에 낱말이 오는 경우 can't에 있는 't'가 자음과 자음 사이에 놓이기 때문에 탈락하게 됩니다. 따라서 can과 구별하기 위해 can't는 [kæn]으로 발음하거나 [kænt]로 발음됩니다. 일반적으로 can은 약간 짧게 발음되고, can't는 약간 길게 발음되는 경향이 있습니다.

Can I sit next to you?
Can I ask a favour of you?
I wonder if you can help me.

We **can't** be together all the time.
Don't tell me you can't remember.
You can't mix business with pleasure.

4) have to, has to와 had to의 경우

have to는 '~해야 한다'라는 뜻으로 발음은 [hæftə]로 하고, 과거형인 had to는 [hætə]로 발음해야 합니다. 특히 had 새의 최종 발음은 'd'와 't'가 비슷한 소리이기 때문에 앞의 'd'가 탈락되어 뒤의 't'만 발음됩니다. has to의 경우에는 [hæstə]로 발음이 됩니다.

You don't **have to** sing.
Did she have to pay a fine?
When do you have to let them know?

One of them **had to** leave.
They finally had to admit defeat.
The plan had to be abandoned on grounds of cost.

She **has to** do her homework tonight.
The design has to appeal to all ages and social groups.
The customer has to deposit a minimum of $100 monthly.

5) used to의 경우

used to는 '~하곤 했다'라는 뜻으로 발음은 [justə]입니다. 이것은 사람의 어떤 행위가 과거에 규칙적으로 이루어진 반복적인 어떤 것을 말하는데, 지금은 더 이상 하지않는 행위나 상황을 말하거나 변한 과거의 상태에 관해 이야기할 때 쓰입니다. 이것은 과거에는 옳았던 그 무엇이 이제 더 이상 옳지 않음을 뜻합니다. used to 다음에 단순 동사가 뒤따릅니다.

She **used to** cook every day.
He **used to** play in the garden.
Kids **used to** trade baseball cards.
I admit I can't see as well as I **used to**.
They **used to** visit her grave twice a year.

6) 허물없이 발음하는 경우

허물없이 발음하는 경우에 세 가지가 있습니다. 이것은 want to를 wanna로, going to를 gonna로, 그리고 trying to를 tryna로 발음하는 경우입니다. 그런데 이 가운데 tryna는 그렇게 자주 사용되고 있지 않지만 앞의 다른 두 가지와 같은 현상이기 때문에 익혀 두면 도움이 될 것입니다.

(1) wanna의 경우

wanna는 want to가 음변화를 통해 미국영어에서 대부분의 사람들이 사용하고 있는 것입니다. want to에서 want의 't'가 뒤에 있는 to의 't'와 같은 철자이기 때문에 없어지게 되고(wan), to의 't'가 앞에 있는 wan에서 콧소리인 'n'을 닮아 'n'으로 되고, 'o'는 약모음인 [ə]로 되는데, 약모음 [ə]가 표기하는데 불편함이 있어 a로 해놓은 것으로 볼 수 있습니다. 따라서 want to는 wanna로 된 것입니다. 이 변화 과정은 want to→wan to→wan nə→wannə→wanna입니다. 이 현상은 going to가 gonna로 되고, trying to가 tryna로 되는 것과 같습니다. 일반적으로 want to로 표기되어 있어서 실제 발음을 하거나 입말체에서는 대부분 wanna로 발음합니다.

Do you **wanna** get a prize?

Do you **want to** go with me?

I don't **wanna** send the money.

What do you **wanna** do tonight?

Wanna play with me and my friends tonight?

(2) gonna의 경우

gonna는 going to가 음변화를 통해 이루어진 것입니다. going to에서 going의 'ing'는 발음상 하기 힘들기 때문에 줄여서 'in''으로 하여 'g'를 발음하지 않습니다. 그리고 to의 't'는 앞 goin'의 'n'과 만나면 콧소리인 'n'을 닮아 콧소리로 되기(비음화) 때문에 'n'으로 됩니다. 그 다음 goin' nə는 발음상 불편하기 때문에 gonne로 발음된다. 그리고 마지막 gonne에서 'e'는 일반적으로 표기하는데 불편하기 때문에 그냥 표기하기에 좋은 'a'로 남겨둔 것입니다. 일반적으로 going to로 표기 되어 있어도 입말체에서는 대부분 gonna로 발음됩니다. 따라서 going to가 gonna로 된 것입니다. 이 변화 과정은 going to→goin' to→goin' nə→gonnə→gonna입니다. 이 현상은 want to가 wanna로 되고, trying to가 tryna로 되는 것과 같습니다.

He's **gonna** be twelve.
I'm **gonna** call the cops.
I'm **going to** go to the post office.
She's **going to** go away next summer.
I'm **going to** ask my husband which one he wants!

(3) tryna의 경우

tryna는 trying to가 음변화를 통해 이루어진 것으로 격식을 차리지 않는 입말체에서 사용되는 것입니다. trying to에서 trying의 'ing'는 발음상 하기 힘들기 때문에 줄여서 'in''으로 하여 'g'를 발음하지 않습니다. 그리고 to의 't'는 앞 tryin'의 'n'과 만나면 콧소리인 'n'을 닮아 콧소리로 되기(비음화) 때문에 'n'으로 됩니다. 그 다음 tryin' nə는 발음상 불편하기 때문에 trynna로 발음됩니다. 그리고 마지막 tryna에서 'n'이 겹치기 때문에 앞의 'n'이 탈락되어 tryna로 됩니다. 아마도 이것은 발음을 하는데 자연스럽게 하기 위해 tryna로 한 것으로 생각해 볼 수 있습니다. 따라서 trying to가 tryna로 된 것입니다. 이 변화 과정은 trying to→tryin' to →tryin' nə→trynna→tryna입니다. 이 현상은 want to가 wanna로 되고, going to가 gonna로 되는 것과 같습니다. 그런데 tryna는 wanna나 gonna의 경우와 비교가 되지 않을 정도로 영어에서 드물게 나타납니다.

The man is **tryna** get a taxi.
Well, I'm **trying to** find a new job.
Are you **trying to** do a British accent?
I guess I see what you're **trying to** say.
We're still **trying to** appraise the two firms.

7) one of~ 등의 경우

One of~의 경우 빨리 소리를 내게 되면 of의 'f'는 자음 앞에서 탈락하게 됩니다. 따라서 of의 발음이 '어브[əv]'이기 때문에 결과적으로 of의 발음은 '어[ə]'로 됩니다. 그리고 이와 같은 현상은 All of~, None of~, Some of~, Most of~나 Many of~경우에도 똑같이 적용될 수 있습니다.

It's **one of** my many mistakes.
This city is still **one of** the world's best.
I always think of you as **one of** the family.

These are trying times for **all of** us.
Some of these pills don't mix with drink.
Many of the stories are based on rumour.
None of us is entirely blameless in this matter.

8) 도우미동사(조동사)의 과거+have+동사의 과거분사의 경우

주의해야 할 발음 가운데 도우미동사(조동사)+have+과거분사(past principle)의 경우—주로 과거에 일어난 그 무엇에 대해 시기적으로 너무 늦어 상대방의 과거의 행위에 대해 충고가 별 도움이 되지 않을 경우—처럼 겉으로 보기에 세 개의 낱말이 나열되어 있다 할지라고, 한 박자에 맞추어야 하기 때문에 have를 ''ve'로 줄여서 약하게 발음해야 합니다. 또는 표기는 줄여져 있지 않더라도 실제 발음을 할 때는 줄여서 발음해야 합니다. 예를 들면 could have been은 could've been, must have taken은 must've taken, might have been은 might've been, ought to have known은 ought to've known으로 그리고 should have listened는 should've listened 등으로 소리를 내야 합니다.

You must have met my older brother.
(=You **must've met** my older brother.)

You ought to have asked John to help.

(=You **ought to've** asked John to help.)

He could have said that, I don't remember.

(=He **could've said** that, I don't remember.)

I might have gotten here on time, if the bus hadn't been late.

(=I **might've gotten** here on time, if the bus hadn't been late.)

If I had seen the advertisement in time I would have applied for the job.

(=If I had seen the advertisement in time I **would've applied** for the job.)

이 책의 각 팝송에서 '* 영어 발음 제대로 듣거나 말하기' 코너는 1. 이어지는 소리(연음)의 경우—1) 약모음 이동, 2) 자음 이동—, 2. 없어지는 소리(탈락)의 경우, 3. 닮는 소리(동화)의 경우, 4. 줄어드는 소리(축약)의 경우와 5. 주의해야 할 발음 순서로 소개되고 있습니다.

이 책의 각 팝송에서 '* 영어 발음 제대로 듣거나 말하기' 코너에서 한글로 설명을 할 때 '가깝게 발음된다'라는 뜻은 한국말에는 없지만 영어로는 발음이 된다는 뜻입니다. 소리 내어 영어로 하면 제대로 발음할 수 있지만, 한글로 정확하게 표기할 수 없다는 뜻으로 이해하면 될 것입니다. 특히 영어에는 있지만 한국말에 없는 소리나 발음은 대부분의 한국 영어 학습자들은 제대로 교육을 받지 않으면 틀리는 경우가 대부분입니다.

pop song English essay ③

PART

마주 치는 팝송

Unchained Melody

Sung by The Righteous Brothers

Oh, my love my darlin'
I've hungered for your touch
A long lonely time
And time goes by so slowly
And time can do so much
Are you still mine?
I need your love
I, I need your love
God speed your love to me

Lonely rivers flow to the sea, to the sea
To the open arms of the sea yeah
Lonely rivers sigh
Wait for me, wait for me
I'll be coming home
Wait for me

Oh, my love my darlin'
I've hungered, hungered for your touch
A long lonely time
And time goes by so slowly
And time can do so much
Are you still mine
I need your love
I need your love
God speed your love to me

구속에 얽매이지 않은 멜로디

더 라이처스 브라더스의 노래

오, 사랑하는 그대여 내 사랑하는 그대여
난 당신의 닿는 느낌을 갈구해 왔어요
길고 외로운 시간
그리고 시간은 너무도 천천히 흘러가는군요
그리고 시간은 너무 많은 걸 할 수 있어요
당신은 아직도 날 사랑하나요?
난 당신의 사랑이 필요해요
난 나는 당신의 사랑이 필요하다구요
하나님은 나에 대한 당신의 사랑을 더 빨리 재촉하고 있어요

외로운 강물이 바다로 바다로 흘러가듯
넓은 바다의 품속으로 흘러가듯 그래요
외로운 강물은 탄식합니다
날 기다리세요, 날 기다리세요
내가 집으로 갈 거예요
날 기다려줘요

오, 사랑하는 그대여 내 사랑하는 그대여
난 당신의 닿는 느낌을 갈구해 왔어요, 갈구해 왔어요
길고 외로운 시간
그리고 시간은 너무도 천천히 흘러 가는군요
그리고 시간은 너무 많은 걸 할 수 있어요
당신은 아직도 날 사랑하나요?
난 당신의 사랑이 필요해요
난 나는 당신의 사랑이 필요하다구요
하나님은 나에 대한 당신의 사랑을 더 빨리 재촉하고 있어요

* 영어 발음 제대로 듣거나 말하기

1) 이어지는 소리(연음)의 경우

(1) 자음 이동

arm**s o**f

arm**s o**f에서 arms의 자음 s가 뒤에 있는 낱말 앞부분에 가서 붙어 '암 저브'로 발음된다. of는 기능어로 약하게 발음되기 때문에 [əv] 또는 [ə]로 발음된다.

2) 없어지는 소리(탈락)의 경우

An**d** time, river**s** sigh

An**d** time에서 And의 d는 자음 n과 time의 자음 t 사이에 놓이기 때문에 탈락되어 '앤 타임'으로 발음된다. 이것은 자음과 자음 사이에 놓이는 여섯 개의 파열음인 철자—k/g, p/b, t/d—사이에 놓여 탈락되는 예이다. 또는 And의 d가 time의 t와 같은 위치에서 소리가 나기 때문에 d가 탈락되어 '앤 타임'으로 보아도 된다.

river**s** sigh에서 rivers의 s와 sigh의 s가 같은 철자로 겹쳐서 나오기 때문에 앞에 있는 s가 탈락되어 '리버 사이'로 발음된다.

3) 닮는 소리(동화)의 경우

nee**d y**our, spee**d y**our

nee**d y**our에서 need의 d[d]와 your의 y[j]가 합쳐져 서로 닮아서 [ʤ]로 바뀌어 '니쥬어'에 가깝게 발음된다. 따라서 이런 현상은 영국영어(British English) 보다 미국영어(American English)에서 자주 나타나는 현상이다. spee**d y**our도 마찬가지 경우이다.

4) 줄어진 소리(축약)의 경우

darl**in'**, I'**ve**, I'**ll**

darl**in'**에서 'in은 ing의 줄인 형태이다. 이렇게 줄이는 이유는 노래를 부를 때 ing[ɪŋ]으로 발음하기도 힘이 들지만 노래를 부르는 경우 'in[ɪn]으로 소리를 내는 것이 훨씬 부드럽게 들리기 때문이 아닐까 생각해 본다.

도우미동사(조동사)의 경우인 I'**ll**이 있다. I'**ll**에서 'll이 한국인이 발음하기에 가장 힘든 예이다. 그 이유는 'll은 will의 줄인 형태인데 'll'이 한국어에 없는 발음으로, 'l'은 혀를 입천장에 붙여서 소리를 내야 하는데, 한국어에는 이렇게 소리를 내는 것이 없기 때문이다.

5) 주의해야 할 발음

can

can과 can't는 도우미동사로 기능낱말이기 때문에 약하게 발음한다. 그런데 can't 다음에 자음이 나오기 때문에 탈락되는 경우가 대부분이어서 can은 [kən]으로 can't는 [kæn]으로 발음하기로 약속이 되어 있다. 그런데 can이 문장 가운데 들어가는 경우가 [kən]으로 주로 발음되고 문장의 끝에 들어가는 경우에는 [kæn]으로 발음되는 경우가 대부분이다. can't는 기본적으로 [kæn]으로 발음되면서 can 보다 약간 길게 발음되는 경향이 있다.

* 팝송에 들어 있는 쓸모 있는 영어 표현들

1. I've hungered for your touch: hunger는 명사로 '굶주림, 기아, 배고픔, (~에 대한) 갈구[갈망]'로 주로 쓰인다. 여기서는 **hunger for** sth/sb로 또는 hunger after sth/sb로 쓰여 '~을[를] 갈구[갈망]하다, ~에 굶주리다, ~에 목마르다'라는 뜻으로 쓰이고 있다. 예문들은 다음과 같다.

He **hungered for** her love.

(그는 그녀의 사랑을 갈구했다.)

She scarfed out as if she hungered for weeks.

(그녀는 수 주 동안 굶었다는 듯이 게걸스레 먹었다.)

This film is for all of us who hunger for truth.

(이 영화는 진실을 갈구하는 모든 사람들을 위한 것이다.)

2. And time goes by so slowly: **go by**는 1) '지나가다[흐르다]', 2) '~을[를] 따르다[길잡이로 삼다]; ~에 의거해서 판단하다'라는 뜻으로 쓰인다. 이 노래에서는 1)의 뜻으로 쓰인다.

1)의 예문들은 다음과 같다.

Things will get easier as time **goes by**.

(시간이 지나면 상황이 더 수월해질 것이다.)

The older I get, the faster the years go by.

(나이가 들면 들수록 세월이 빨리 지나간다.)

We sat outside a cafe, watching the world go by.

(우리는 카페 밖에 앉아 사람들을 구경했다.)

2)의 예문들은 다음과 같다.

That's a good rule to **go by**.

(저것은 길잡이로 삼기에 좋은 규칙이다.)

How can I believe those who don't go by his word?

(자기 약속을 지키지 않는 사람들을 내가 어떻게 믿을 수 있겠나?)

If past experience is anything to go by, they'll be late.

(만약 과거의 경험을 기준으로 판단한다면 그들은 늦을[지각할] 것이다.)

3. God speed your love to me: **speed**는 명사로 '속도, 빠름'로 자주 쓰인다. speed는 동사로 1) '빨리 가다[이동하다]', 2) '(특히 차가 사람 등을) 빠르게 데려다[실어다] 주다', 3) '더 빠르게 하다, 가속화하다'와 4) '속도위반을 하다'라는 뜻으로 쓰인다. 이 노래에서는 3)의 뜻으로 쓰이고 있다.

1)의 예문은 다음과 같다.

The car **sped** away.

(차는 쏜살같이 달아났다.)

He sped away on his bike.

(그는 자전거를 타고 재빨리 가 버렸다.)

Cars like that may tempt drivers to speed.

(저런 종류의 차종은 운전자로 하여금 속력을 내게끔 유혹한다.)

2)의 예문은 다음과 같다.

A police car **sped** the survivors to hospital.

(경찰차가 생존자들을 태우고 병원으로 질주했다.)

The cab speeded them into the centre of the city.

(택시가 그들을 금방 시내로 데려다 주었다.)

3)의 예문은 다음과 같다.

The drugs will **speed** her recovery.

(그 약들이 그녀의 회복을 더 빠르게 해 줄 것이다.)

I can help you speed up the process.

(신속히 처리될 수 있도록 저가 도와드리겠습니다.)

Using keyboard shortcuts can speed things up.

(단축키를 이용하면 작업을 빨리할 수 있다.)

4)의 예문들은 다음과 같다.

Be careful that you don't **speed**.

(과속하지 않도록 조심해라.)

The police caught him speeding.

(경찰이 그를 속도위반으로 잡았다.)

Please don't speed over the limit.

(한계 이상의 속도를 넘지 말아주시길 바랍니다.)

4. Wait for me: **wait for**는 '~를[을] 기다리다'라는 뜻으로 쓰인다. 예문들은 다음과 같다.

You don't need to **wait for** me.

(당신은 나를 위해 기다릴 필요는 없어.)

I walk to a street corner and wait for the school bus.

(나는 거리 모퉁이로 걸어가서 학교 버스를 기다린다.)

The manager will be free soon—you can wait for her here.

(매니저님이 곧 시간이 날 겁니다. 여기서 (그 분을) 기다리세요.)

기억할 만한 영어 문장

1. Time goes by so slowly.

   (시간은 너무도 천천히 흘러 가는군요.)

2. God speed your love to me.

   (하나님은 나에 대한 당신의 사랑을 더 빨리 재촉하고 있어요.)

3. I've hungered for your touch.

   (난 당신의 닿는 느낌을 갈구해 왔어요.)

* 팝송 에세이

노래 제목 'Unchained Melody'는 대부분의 팝송 제목처럼 가사의 일부를 따온 것이 아니다. 'Unchained Melody'는 '사슬에서 풀려난 멜로디'또는 '구속에 얽매이지 않은 멜로디'란 뜻이니까 구속 받지 않고 마음껏 사랑하고 싶은 마음을 표현한다는 뜻으로 이해된다. 이 노래는 외로운 처지에 있는 사람이 사랑하는 이에게 사랑이 절실히 필요함을 역설하는 내용을 담과 있다. 지금은 너무 길고 외롭게만 느껴지는 시간들, 시간이 너무 느릿느릿하게 흘러가는 느낌, 그동안 시간이 많은 변화를 주었지만 여전히 사랑하는 사람의 손길을 몹시 갈망하고, 자신을 기다려 달라고 기원하고, 심지어 사랑하는 사람의 사랑이 자신에게 올 수 있도록 하나님께서 재촉해 달라고 빌기도 한다. 지금 너무도 그대의 사랑이 필요하다고 간절히 호소하고 있다.

기다림. 사랑을 갈구하면서 기다린다는 것은 엄청난 인내심을 필요로 한다. 그렇지민 당장 달려가서 "난 당신의 사랑이 필요해요 / 난 나는 당신의 사랑이 필요해요 / 하나님은 나에 대한 당신의 사랑을 더 빨리 재촉하고 있어요"라고 말하고 싶지만 행동으로 옮기지 못하고 있는 처지를 간접적으로 드러내고 있다. 그에게 길고 외로운 시간의 연속이고 그런 시간이 너무 천천히 흘러간다고 하는 점이라든지 외로운 강물이 바다로 흘러가듯이 더딘 시간의 흐름 때문에 금방 달려갈 수도 없음을 말하고 있다. 그래서 기다려달라고 요청할 수밖에 없는 것이다.

사랑하고 있는 누군가에게 기다려달라고 요청은 할 수 있다. 그렇지만 언제 만남이 이루어질지에 대한 확신이 서지 않는 상황에서 단순히 사랑한다는 사실만으로 기다린다는 것은 요즈음 그렇게 쉬운 일은 아닐 것이다. 시시각각으로 변화되는 그러니까 변화의 정도가 심한 경우에는 사랑 또한 변하게 마련이다. 오래전에는 막연한 기다림이 또 다른 미덕 가운데 한 가지였지만 오늘날에는 매일 또는 시시각각으로 사랑을 확인해야 되고, 확인하려고 할 때 바로 앞에 상대가 없는 경우에는 그런 기다림이 이루어지기 힘들 것이다. 오직 사랑만으로 뭉쳐져서 이어져 오다가 불가피한 상황으로 잠시 또는 어느 기간 동안 떨어져 있는 경우는 모르지만, 막연히 시간의 힘을 빌어 기다려달라는 요구는 쉽게 들어줄 수 없는 또 다른 현실이 존재할 것이다.

★ 덧붙이는 글 ★

『사슬에서 풀려난 멜로디』(*Unchained Melody*)(1955)의 주제가이다. 그리고 『사랑과 영혼』(*Ghost*)의 오리지널 사운드 트랙(OST)이다.

이 노래 제목은 대부분의 팝송 가사 제목처럼 가사의 일부분이 아니다.

Wonderful Tonight

Sung by Eric Clapton

It's late in the evening; she's wondering what clothes to wear
She puts on her make-up and brushes her long blonde hair
And then she asks me, "Do I look all right?"
And I say, "Yes, you look wonderful tonight"

We go to a party and everyone turns to see
This beautiful lady that's walking around with me
And then she asks me, "Do you feel all right?"
And I say, "Yes, I feel wonderful tonight"

I feel wonderful because I see
The love light in your eyes
And the wonder of it all
Is that you just don't realize how much I love you

It's time to go home now and I've got an aching head
So I give her the car keys and she helps me to bed
And then I tell her, as I turn out the light
I say, "My darling, you were wonderful tonight
Oh my darling, you were wonderful tonight"

멋진 오늘 밤

에릭 크랩튼의 노래

늦은 저녁, 그녀는 무슨 옷을 입을까 생각하고 있죠
화장을 하고 긴 금발머리를 빗죠
그리고 난 후 그녀는 내게 묻죠, "나 괜찮아요?"
그리고 내가 말해요, "그럼요, 당신 오늘밤 아주 멋져보여요"

우린 파티에 가죠, 사람들이 모두 돌아보죠
나와 함께 거니는 이 아름다운 여인을 보려고
그리고 난 후 그녀가 내게 묻죠, "기분 괜찮아요?"
그리고 내가 말해요, "그럼요, 나 오늘밤 기분 정말 신나요"

난 기분이 정말 신나요, 왜냐하면
그대 눈망울에서 사랑의 빛을 보기 때문이죠
그리고 무엇보다도 경이로운 일은
내가 그대를 얼마나 사랑하는 지 당신이 단지 알아차리지 못한다는 사실이죠

이제 집에 돌아갈 시간이죠, 머리가 아파서
그래서 나는 자동차 열쇠를 그녀에게 주죠 그리고 그녀가 날 침대까지 데려다 주죠
그리고 난 후 난 전등을 끄는 동안에 그녀에게 말하죠
내가 말해요 "내 사랑하는 이여, 당신 오늘밤 아주 멋졌어요
오 내 사랑하는 이여, 당신 오늘밤 당신 아주 멋졌어요"

* 영어 발음 제대로 듣거나 말하기

1) 이어지는 소리(연음)의 경우

(1) 약모음 이동

to a, walking around, got an

to a에서 a가 약모음 [ə]가 되어 앞 낱말 끝부분에 가서 붙어 '터'로 발음된다. walking around에서 around의 a가 약모음 [ə]가 되어 앞 낱말 끝부분에 가서 붙어 '워킹어 라운드'로 발음된다. got an에서 an의 a가 약모음 [ə]가 되어 앞 낱말 끝부분에 가서 붙어 '갓언'에 가깝게 발음된다.

(2) 자음 이동

puts on, light in, wonder of, much I, as I, turn out

puts on에서 puts의 자음 ts가 뒤에 있는 낱말 앞부분에 가서 붙어 '푸 촌'에 가깝게 발음된다. light in에서 light의 자음 t가 뒤에 있는 낱말 앞부분에 가서 붙어 '라이 틴'으로 발음된다. wonder of에서 wonder의 자음 r이 뒤에 있는 낱말 앞부분에 가서 붙어 '원더 러브'로 발음된다. much I에서 much의 자음 ch가 뒤에 있는 낱말 앞부분에 가서 붙어 '머 차이'로 발음된다. as I도 마찬가지 경우이다. turn out에서 turn의 자음 n이 뒤에 있는 낱말 앞부분에 가서 붙어 '터 나웃'으로 발음된다.

2) 없어지는 소리(탈락)의 경우

and brushes, blonde hair, And then, around with, And the, just don't, don't realize, out the

and brushes에서 and의 d는 자음 n과 brushes의 자음 b 사이에 놓이기 때문에 탈락되어 '앤 브라쉬즈'로 발음된다. 이와 같이 자음과 자음 사이에 놓이는 여섯 개의 파열음인 철자—k/g, p/b, t/d—사이에 놓여 탈락되는 예로 blonde hair, around with, just don't과 don't realize가 해당된다.

And then에서 And의 d와 then의 th- 발음 [ð]의 발음이 비슷하기 때문에 앞의 d가 탈락되어 '앤 덴'에 가깝게 발음된다.

And the에서 And의 d와 the의 th- 발음 [ð]와 발음이 비슷하기 때문에 앞의 d가 탈락되어 '앤 더'에 가깝게 발음된다.

3) 닮는 소리(동화)의 경우

party, beautiful, light in, got an

party에서 t(t)가 강모음과 약모음 사이에 놓이면 단타음(單打音)으로 되어 t도, d도 r도 아닌 발음이 된다. 이 소리는 한글로 표기할 수 없으며 오직 소리로만 익힐 수밖에 없다. 특히 미국영어(American English)에서 두드러진 현상이다. beautiful, light in과 got an도 마찬가지이다.

4) 줄어진 소리(축약)의 경우

It's, she's, that's, don't, I've

be 동사의 경우인 It's, she's와 that's, 부정형인 don't와 have 동사의 경우인 I've가 있다.

* 팝송에 들어 있는 쓸모 있는 영어 표현들

1. She puts on her make-up: **put on**은 1) '~을[를] 입다[쓰다/끼다/걸치다]', 2) '.(얼굴 · 피부 등에) ~을[를] 바르다', 3) '(시디·테이프 등을) 틀다', 4) '(연극·쇼 등을) 무대에 올리다[공연하다], 상연하다', 5) '(기구 등을) 가동[작동]시키다', 6) '(무게 등이) 더 무거워지다, (살이) 찌다'와 7) '가장하다[꾸미다/…인 척하다], …인 체하다'라는 뜻으로 쓰인다. 이 노래에서는 2)의 뜻으로 쓰이고 있다.

1)의 예문들은 다음과 같다.

Hurry up! **Put** your coat **on**!

(서둘러! 외투 입어!)

Maximo put on a pair of glasses.

(맥시모는 안경을 썼다.)

He put on a pair of boxer shorts and an undershirt.

(그는 속옷 반바지와 속옷 윗도리를 입었다.)

2)의 예문들은 다음과 같다.

I **put on** a little make-up.

(저는 화장을 엷게 해요.)

Put on some cream to stop your nose from peeling.

(크림을 좀 발라서 코에서 살갗이 벗겨지지 않도록 해라.)

So put on sunscreen every morning before you start out.

(그러니 여러분이 나가기 전에, 매일 아침마다 썬 크림을 바르세요.)

3)의 예문들은 다음과 같다.

I love the music you **put on**.

(나는 네가 튼 음악이 좋아.)

He put some jazz on the stereo.

(그가 전축에 재즈곡을 틀었다.)

Do you mind if I put some music on?

(내가 음악을 좀 틀어도 되겠니?)

4)의 예문들은 다음과 같다.

It was a great idea to **put on** a musical.

(뮤지컬을 상연하는 것은 훌륭한 아이디어였다.)

The team put on a good show in the competition.

(그 팀은 그 대회에서 좋은 경기를 보여 주었다.)

The theater company is planning to put on Macbeth.

(그 극단은 '맥베스'를 상연할 예정이다.)

5)의 예문들은 다음과 같다.

I'll **put** the kettle **on** for tea.

(차 마시게 물 올려놓을게.)

She put on the brakes suddenly.

(그녀가 갑자기 브레이크를 밟았다.)

She had to be put on a ventilator.

(그녀는 인공호흡기를 사용해야 했다.)

6)의 예문들은 다음과 같다.

She looks like she's **put on** weight.

(그녀는 살이 좀 찐 것 같다.)

He must have put on several kilos.

(그가 틀림없이 살이 몇 킬로는 쪘을 것이다.)

I couldn't recognize him since he put on too much weight.

(나는 살이 너무 많이 쪄서 그를 못 알아봤다.)

7)의 예문들은 다음과 같다.

He **put on** an American accent.

(그는 미국식 말투를 가장해서 썼다.)

Don't put on any more, you don't need it.

(더 이상 가장하지 마, 그럴 필요 없어.)

I don't think she was hurt. She was just putting it on.

(그녀가 마음이 상한 것은 아닐 거야. 그냥 그런 척 한 거지.)

2. I've got an aching head: **aching**은 '쑤시는, 아리는, 아픈, 마음 아픈'이란 뜻으로 쓰인다. 여기서 aching head는 '두통'으로 이해해도 될 것이다. 예문들은 다음과 같다.

She felt him knead the **aching** muscles.

(그녀는 그가 아픈 근육을 주무르고 있는 것을 느꼈다.)

There was an aching emptiness in her heart.

(그녀는 가슴이 저리도록 공허했다.)

He massaged the aching muscles in her feet.

(그는 그녀 발의 아픈 근육에 마사지를 해 주었다.)

3. I give her the car keys: I give her the car keys는 '내가 그녀에게 자동차 열쇠를 준다'는 것은 집으로 갈 때 운전을 부탁했다는 뜻이다.

4. as I turn out the light: **as**는 전치사, 부사와 접속사로서 여러 가지 뜻으로 쓰인다. 전치사로서 1) '…처럼[같이]', 2) '(자격·기능 등이) …로(서)', 부사로서 1) as... as...로 쓰여 '…만큼 …한', 2) '…하는 것과 같이, -듯이'와 접속사로서 1) '…하는 동안에', 2) '…대로', 3) '때문에, -아서-[-아서/-므로]', 4) '-다시피[-듯이]'와 5) '-이긴 하지만'(=though)으로 다양하게 쓰인다. 이 노래에서는 접속사로서 1) '…하는 동안에'란 뜻으로 쓰이고 있다.

전치사로서 쓰이는 예문들은 다음과 같다.

1) '…처럼[같이]'으로 쓰이는 경우

They were all dressed **as** clowns.

(그들은 모두 광대같이 옷을 입고 있었다.)

The bomb was disguised as a package.

(그 폭탄은 소포처럼 위장되어 있었다.)

2) '(자격·기능 등이) …로(서)'로 쓰이는 경우

You can use that glass **as** a vase.

(저 유리잔을 꽃병으로 쓸 수 있다.)

He qualified as a doctor last year.

(그는 작년에 의사 자격을 취득했다.)

It's not that I don't like you. I like you as a friend

(당신이 싫은 건 아니고 친구로 좋아해요.)

부사로서 쓰이는 예문들은 다음과 같다.

1) as... as...로 쓰여 '…만큼 …한'으로 쓰이는 경우

He worked just **as** hard **as** anyone

(그는 어느 누구 못지않게 열심히 일했다.)

There are few things quite as sweet as revenge.

(복수만큼 통쾌한 일도 없을 것이다.)

The payback period can be as short as seven years.

(상환 기간은 최소한 칠 년이다.)

2) '…하는 것과 같이, -듯이''…처럼[같이]'으로 쓰이는 경우

As always, Polly was late for school.

(늘 그렇듯 폴리는 학교에 지각했다.)

* 여기서 as always는 '늘 그렇듯[언제나처럼]'으로 습관적으로 쓰인다.

The 'h' in honest is silent, as in 'hour'.

(hour에서와 같이 honest에서도 h는 소리가 나지 않는다.)

His throws were long, hard and accurate, as always.

(그의 투구는 항상 그렇듯이 길고, 세며, 명중률이 높았다.)

접속사로서 쓰이는 예문들은 다음과 같다.

1) '…하는 동안에'로 쓰이는 경우

He sat watching her **as** she got ready.

(그녀가 준비를 하는 동안 그는 앉아서 그녀를 지켜보고 있었다.)

As she grew older she gained in confidence.

(그녀는 나이가 들면서 자신감이 커졌다.)

Just as he was speaking, there was a big earthquake.

(마침 그가 이야기하고 있을 때 큰 지진이 일어났다.)

2) '…대로'로 쓰이는 경우

They did **as** I had asked.

(그들은 내가 부탁한 대로 했다.)

She lost it, just as I said she would.

(그녀는 내가 그럴 거라고 말한 꼭 그대로 그걸 잃어버렸다.)

I'm serious, things are difficult enough as they are.

(나는 심각하고, 문제는 있는 그대로 충분히 복잡하다.)

3) '때문에, -아서-[-아서/-므로]'로 쓰이는 경우

As he often lies, I don't like him.

(나는 그가 자주 거짓말을 하니까 싫다.)

As you were out, I left a message.

(네가 외출하고 없어서 내가 메시지를 남겼어.)

She may need some help as she's new.

(그녀는 새로 왔으므로 도움이 좀 필요할지도 모른다.)

4) '-다시피[-듯이]'로 쓰이는 경우

Do in Rome **as** the Romans do.

(로마에서는 로마인이 하는 대로 하라.)

* 이것은 속담이다.

She's very tall, as is her mother.

(그녀는 키가 아주 크다. 자기 어머니가 그렇듯이.)

As you know, Julia is leaving soon.

(너도 알다시피 줄리아가 곧 떠나.)

5) '-이긴 하지만'(=though)으로 쓰이는 경우

Try **as** he might, he couldn't open the door.

(아무리 애를 써도 그는 그 문을 열 수가 없었다.)

Happy as they were, there was something missing.

(그들은 행복하긴 했지만 뭔가가 부족했다.)

Young as he is[Though he is young], he is an able lawyer.

(그는 나이는 어릴망정 유능한 변호사다.)

turn out은 1) '모습을 드러내다[나타나다]', 2) '(전기 · 난방기를) 끄다', 3) '(일 · 진행 · 결과가 특정 방식으로) 되다[되어 가다]'와 4) '…인 것으로 드러나다[밝혀지다]'라는 뜻으로 쓰인다. 이 노래에서는 2)의 뜻으로 쓰이고 있다.

1)의 예문들은 다음과 같다.

Did the photo **turn out** okay?

(사진 잘 나왔죠?)

How'd your new suits turn out? Let me see 'em.

(새 양복 잘 나왔니? 좀 보여 줘.)

A vast crowd turned out to watch the procession.

(수많은 군중이 그 행진을 지켜보기 위해 모습을 드러냈다.)

2)의 예문들은 다음과 같다.

I always **turn out** the lights when I leave.

(나는 나갈 때는 항상 불을 다 꺼요.)

Remember to turn out the lights when you go to bed.

(자러 갈 때에는 잊지 말고 전깃불들을 끄도록 해라.)

He didn't turn out the light when he went out of the room.

(그는 방을 나오면서 불을 끄지 않았다.)

3)의 예문들은 다음과 같다.

In the end, everything will **turn out** well.

(결국에는 모든 것이 좋아질 것이다.)

I feel certain that it will all turn out well.

(모든 일이 잘 될 거라고 나는 확신한다.)

This may turn out to be the best football game of the lot.

(이것이 어쩌면 개중에 가장 훌륭한 축구 경기가 될지도 모른다.)

4)의 예문들은 다음과 같다.

That may **turn out** to be his main problem.

(그것은 그의 주요 문제로 밝혀질지 모른다.)

It turned out that she was a friend of my sister.

(그녀가 우리 누나[언니/여동생]의 친구인 것으로 드러났다.)

The job turned out to be harder than we thought.

(그 일은 우리가 생각했던 것보다 더 힘든 것으로 밝혀졌다.)

기억할 만한 영어 문장

1. Do I look all right?

   (나 괜찮아요?)

2. She's wondering what clothes to wear.

   (그녀는 무슨 옷을 입을까 생각하고 있어요.)

3. You just don't realize how much I love you.

   (내가 그대를 얼마나 사랑하는 지 당신이 단지 알아차리지 못해요.)

* 팝송 에세이

이 노래는 남편이 아내가 파티에 가기 전과 파티에서, 파티를 마친 후의 멋진 모습을 보고 흡족해 하는 곡이다. 외모에서부터 사랑의 눈빛에 이르기까지, 영화의 장면과도 같다. 움직이는 그림과도 같이 조용하면서 잔잔한 감동을 준다. 자, 오늘 당신의 부인이나 애인이나 남편에게 "당신 오늘 멋진데[멋져보여요/멋있어]"라고 한 마디 건네면 더 좋지 않을까?

파티는 사교적인 모임이기 때문에 괜찮게 보이는 것이 중요한 요소를 차지한다. 만남에서 비롯된 파티는 자신을 보여줄 수 있는 드문 기회이기 때문에 다른 사람들에게 어떻게 보이느냐에 대한 관심이 높을 수밖에 없다. 자기 자신의 만족뿐만 아니라 다른 사람들의 관심이나 시선을 끌기 전에 먼저 남편이나 아내에게 어떻게 보이느냐가 첫째 관문일 것이다. 가장 가까이 있는 사람에게 멋지게 보이면 일 단계 만족은 충족될 수 있기 때문이다. 파티에 참석한 사람들이 아름답다는 시선을 받을 때 같이 간 파트너가 기분이 좋은 것은 당연한 결과일 것이다. 기분 좋은 모습 특히 마음의 창인 눈망울에서 "사랑의 빛"을 보게 되면 파티에 간 기분과 느낌을 마음껏 확인할 수 있기 때문이다. 최선을 다해 아내의 행동과 모습을 지켜보고 파티가 끝난 후에는 피곤함이 밀려오지만 그는 "내 사랑하는 이여. 당신 오늘밤 아주 멋졌어요"라고 하루를 마무리짓는 데서 사랑하는 경우에 최선을 다하는 모습과 행동을 확인하게 되는 듯하다.

사랑은 기본적으로 관심에서 시작한다. 관심에서 시작되어 신뢰를 쌓아 나가게 된다면 이미 모든 사랑의 토대가 마련된 것이다. 상대방을 지배하려는 의지나 소유 의식이 없이 독립된 하나의 인격체로 공평하게 바라보면서 사랑을 하게 되면 상대방뿐만 아니라 사랑하는 사람 자신의 진정한 자아를 되찾게 되고 참된 자아가 확장될 수 있는 기회가 마련되는 것이다. 공평한 관계 즉, 수직적 관계가 아니라 수평적 인간관계가 될 때 비로소 상대방이 참된 모습을 보게 될 것이다. 참된 모습을 보게 되면 칭찬하고 싶은 그 무엇을 찾게 되고 말로 멋지다는 표현을 하게 될 것이다. 사랑도 결국 인간관계에서 시작되고 인간관계 가운데 가장 중요한 가치이기 때문이다. 거짓의 가면을 쓰지 않고 진실된 또는 있는 그대로의 모습으로 서로에게 보여지고 서로를 대하고 서로에게 드러내게 된다면 진정한 사랑의 싹이 트고 사랑이 발전되어 갈 것이다.

Have I Told You Lately

Sung by Rod Stewart

Have I told you lately that I love you
Have I told you there's no else above you
Fill my heart with gladness
Take away all my sadness
Ease my troubles that's what you do

For the morning sun in all it's glory,
Greets the day with hope and comfort too.
You fill my life with laughter
And somehow you make it better
Ease my troubles that's what you do.

There's a love that's divine
And it's yours and it's mine like the sun
And at the end of the day
We should give thanks and pray
To the one, to the one

Have I told you lately that I love you
Have I told you there's no else above you
Fill my heart with gladness
Take away my sadness
Ease my troubles that's what you do

There's a love that's divine
And it's yours and it's mine like the sun
And at the end of the day
We should give thanks and pray
To the one, to the one

And have I told you lately that I love you
Have I told you there's no one else above you
You fill my heart with gladness
Take away my sadness
Ease my troubles that's what you do
Take away all my sadness
Fill my life with gladness
Ease my troubles that's what you do
Take away all my sadness
Fill my life with gladness
Ease my troubles that's what you do

제가 당신에게 최근에 말한 적이 있나요

라더 스튜어트의 노래

제가 당신을 사랑한다고 최근에 말한 적이 있나요
당신보다 우위인 사람은 없다고, 제가 최근에 말한 적이 있나요
내 마음을 기쁨으로 가득 차게 해 주세요
내 모든 슬픔을 없애 주세요
당신이 하는 일인 내 골칫거리를 덜어 주세요

눈부시게 아름다운 아침 햇살 때문에
희망과 위안으로 하루를 맞이하게 하지요
당신은 내 삶을 웃음으로 가득 채워 주고 있어요
그리고 어떻게든 당신은 내 삶을 더 나은 것으로 만들어 주어요
당신이 하는 일인 내 골칫거리를 덜어 주세요

신성한 사랑이 있죠.
그리고 마치 태양처럼 그건 당신과 나의 것이예요
그리고 결국엔
감사와 기도를 드려야 해요
서로에게, 서로에게

제가 당신을 사랑한다고 최근에 말한 적이 있나요
당신보다 우위인 사람은 없다고, 제가 최근에 말한 적이 있나요
내 마음을 기쁨으로 가득 차게 해 주세요
내 모든 슬픔을 없애 주세요
당신이 하는 일인 내 골칫거리를 덜어 주세요

신성한 사랑이 있죠.
그리고 마치 태양처럼 그건 당신과 나의 것이에요
그리고 결국엔
감사와 기도를 드려야 해요
서로에게, 서로에게

제가 당신을 사랑한다고 최근에 말한 적이 있나요
당신보다 우위인 사람은 없다고, 제가 최근에 말한 적이 있나요
내 마음을 기쁨으로 가득 차게 해 주세요
내 모든 슬픔을 없애 주세요
당신이 하는 일인 내 골칫거리를 덜어 주세요
내 모든 슬픔을 없애 주세요
내 마음을 기쁨으로 가득 차게 해 주세요
당신이 하는 일인 내 골칫거리를 덜어 주세요
내 모든 슬픔을 없애 주세요

* 영어 발음 제대로 듣거나 말하기

1) 이어지는 소리(연음)의 경우

(1) 약모음 이동

Take away, There's a

Take away에서 away의 a가 약모음 [ə]가 되어 앞 낱말 끝부분에 가서 붙어 '테이커 웨이'로 발음된다. There's a에서 a가 약모음 [ə]가 되어 앞 낱말 끝부분에가서 붙어 '데어저'에 가깝게 발음된다.

(2) 자음 이동

Have I, love you, above you, in all, make it, end of

Have I에서 Have의 자음 v가 뒤에 있는 낱말 앞부분에 가서 붙어 '해 바이'로 발음된다. Have의 끝에 있는 모음 e는 약하게 발음되기 때문에 무시해도 될 정도이다. love you에서 love의 자음 v가 뒤에 있는 낱말 앞부분에 가서 붙어 '러뷰'로 발음된다. above you도 마찬가지 경우이다. in all에서 in의 자음 n이 뒤에 있는 낱말 앞부분에 가서 붙어 '이 놀'로 발음된다. make it에서 make의 자음 k가 뒤에 있는 낱말 앞부분에 가서 붙어 '메이 킷'으로 발음된다. end of에서 end의 자음 d가 뒤에 있는 낱말 앞부분에 가서 붙어 '엔 더브'로 발음된다. of는 기능어로 약하게 발음되기 때문에 [əv] 또는 [ə]로 발음된다.

2) 없어지는 소리(탈락)의 경우

heart with, comfort too, And somehow, at the, should give, thanks

heart with에서 heart의 t는 자음 r과 with의 자음 w 사이에 놓이기 때문에 탈락되어 '하 위스'에 가깝게 발음된다. 이와 같이 자음과 자음 사이에 놓이는 여섯 개의 파열음인 철자—k/g, p/b, t/d—사이에 놓여 탈락되는 예로 And somehow, should give와 thanks가 해당된다.

comfort too에서 comfort의 t는 too의 t와 같은 철자가 겹쳐서 나오므로 앞의 t는 탈락되어 '컴포 투'에 가깝게 발음된다.

at the에서 at의 t는 the의 th- 발음 [ð]와 발음이 비슷하기 때문에 앞에 있는 t가 탈락되어 '애 더'에 가깝게 발음된다.

3) 닮는 소리(동화)의 경우

that I, told you, what you, better

that I에서 t 강모음과 약모음 사이에 놓이면 단타음(單打音)으로 되어 t도, d도, r도 아닌 발음이 된다. that I는 '대라이'에 가깝게 발음된다. 이 소리는 한글로 정확하게 표기할 수 없으며 오직 소리로만 익힐 수밖에 없다. 특히 미국영어(American English)에서 두드러진 현상이다. better도 마찬가지 경우이다.

told you에서 told의 d[d]와 you의 y[j]가 합쳐져 서로 닮아서 [ʤ]로 바뀌어 '톨쥬'에 가깝게 발음된다. 따라서 이런 현상은 영국영어(British English) 보다 미국영어(American English)에서 자주 나타나는 현상이다.

what you에서 what의 t[t]와 you의 y[j]가 합쳐져 서로 닮아서 [tʃ]로 바뀌어 '와츄'에 가깝게 발음된다. 따라서 이런 현상은 영국영어(British English) 보다 미국영어(American English)에서 자주 나타나는 현상이다.

4) 줄어진 소리(축약)의 경우

there's, that's, it's

be 동사의 경우인 there's, that's와 it's가 있다.

5) 주의해야 할 발음

troubles

troubles에서 'tr~'의 발음은 '츠___'와 '추'의 중간쯤 되는 소리로 '츄'에 가깝게 발음된다. troubles는 '트라블즈'라기 보다 '츄라블즈'에 가깝게 발음된다.

* 팝송에 들어 있는 쓸모 있는 영어 표현들

1. there's no one else above you: no one else에서 형용사 **else**는 '(이미 언급된 것에 덧붙여) 또[그 밖의] 다른'이란 뜻으로 쓰인다. else는 명사 no one 뒤에서 꾸며준다. 특별한 경우를 제외하고 형용사는 명사 앞에서 명사를 꾸며준다. 이런 특수한 경우는 no-, any-, some-과 every-로 시작되는 낱말 no one, nothing, nowhere, anyone, anything, any where, someone, something, somewhere가 있다. 예문들은 다음과 같다.

There's no where **else** for me to go.
(다른 어느 곳에도 내가 갈 곳이 없다.)
Musically speaking, their latest album is nothing special.
(음악적으로 말하면 그들의 최신 앨범은 전혀 특별하지 못하다.)
No one else of my acquaintance was as rich or successful.
(내가 아는 사람들 중 다른 사람은 어느 누구도 그 정도로 부유하거나 성공한 사람이 없었다.)

I don't want anything **else**, thanks.
(그 밖의 다른 건 아무것도 필요 없어요. 고마워요.)
He's been at the bank longer than anyone else.
(그는 이 은행에 다른 누구보다 오래 있었다[다녔다].)
Many of these animals are not found any where else.
(이들 동물 가운데 많은 것들은 다른 곳에서는 어디에서도 찾아 볼 수 없다.)

What's the matter? Is there something **wrong**?
(무슨 일이야? 뭐가 잘못됐니?)
It couldn't have been me—it must have been someone else.
(그게 나였을 리가 없어. 분명히 다른 누구였을 거야.)
To my certain knowledge he was somewhere else at the time.
(내가 확실히 아는데 그는 그 시간에 어디 다른 데 있었다.)

We'll have to eat here—everywhere **else** is full.

(우린 여기서 밥을 먹어야 할 거야. 다른 데는 모두 사람들이 가득 찼어.)

On top of everything else, my car's been stolen.

(다른 모든 것 외에 내 차도 도난당했다.)

If you get up early, try not to disturb everyone else.

(일찍 일어나면 다른 모든 사람들에게 방해가 되지 않도록 해라.)

above you에서 **above**는 '(중요도·품질 등이) …보다 위인, …보다 우위인'이란 뜻으로 쓰이고 있다. above는 이런 뜻 이 외에 '(위치나 지위 면에서)…보다 위에[위로], (수·나이 등이) …보다 많은, …을[를] 넘는, (너무 착하거나 정직하여) …하지 않는, …을[를] 초월한, (소리가) …보다 높은[더 잘 들리는]'이란 뜻으로도 쓰인다.

2. Take away all my sadness: **take away**는 1) '(감정 · 통증 등을) 없애 주다', 2) '(패스트푸드점 등에서 산 음식을 거기서 먹지 않고) 가지고 가다, 가지고 가다', 3) '제거하다; 치우다; 줄이다', 4) '죽이다; 떠나가다, 빼앗다'와 5) '데리고 가다'라는 뜻으로 쓰인다. 이 노래에서는 1)의 뜻으로 쓰이고 있다.

1)의 예문들은 다음과 같다.

I was given some pills to **take away** the pain.

(나는 그 통증을 없애 주는 알약을 좀 받았다.)

It helps take away pain in the fingers or knees.

(그것은 손가락이나 무릎의 고통을 없애주도록 도와준다.)

No amends could take away the pain of the insult.

(어떠한 보상도 모욕으로 인한 고통을 없앨 순 없다.)

2)의 예문들은 다음과 같다.

Two burgers to **take away**, please.

(햄버거 두 개 포장해 주세요.)

If you take my work away I can't be happy anymore.

(만약 당신이 내 일을 가져가 버린다면 나는 더 이상 행복하지 못할 것이다.)

3)의 예문들은 다음과 같다.

Would you **take** the dishes **away**?

(이 접시들 좀 치워 주시겠어요?)

Who will take away those empty bottles?

(누가 저 빈 병을 치울 거야?)

They're going to take my citizenship away.

(그들이 나의 시민권을 빼앗으려 한다.)

4)의 예문들은 다음과 같다.

Take the knife **away** from that child.

(저 아이한테서 칼을 빼앗아라.)

Don't fool with the guns. It can take your life away.

(총을 가지고 놀지 마라. 네 목숨을 뺏어갈지도 몰라.)

But the government should still not take their lives away.

(하지만 정부는 그들의 생명을 빼앗지 말아야 한다.)

5)의 예문들은 다음과 같다.

Take Ray **away** now.

(레이를 지금 데리고 가거라.)

Who's going to take him away?

(누가 그를 멀리 데려갈까?)

Could you please take me away?

(저를 멀리 데려가 주실 수 있나요?)

3. Ease my troubles that's what you do: ease는 명사로 '쉬움, 용이함, 편의성, (근심·걱정 없이) 편안함, 안락함'이란 뜻으로 쓰인다. **ease**는 동사로 1) '편해지다[편하게 해주다]; (고통·불편 등이[을]) 덜해지다[덜어 주다]', 2) '조심조심[천천히] 움직이다[옮기다]', 3) '수월[용이]하게 하다', 4) '느슨하게 풀다, 느슨해지다'와 5) '(가격이[을]) 낮아지다[낮추다]; (가치가[를] 하락하다[하락시키다]라는 뜻으로 쓰인다. 이 노래에서는 1)의 뜻으로 쓰이고 있다.

1)의 예문들은 다음과 같다.

This should help **ease** the pain.

(이것이 통증을 더는 데 도움이 될 것이다.)

We laughed and that helped ease the tension.

(우리는 웃었고 그것이 긴장 완화에 도움이 되었다.)

The hospice aims to ease the sufferings of the dying.

(호스피스는 죽어 가는 사람들의 괴로움을 덜어 주는 것을 목표로 한다.)

2)의 예문들은 다음과 같다.

He **eased** slowly forwards.

(그는 천천히 앞으로 나아갔다.)

She eased herself into a chair.

(그녀는 조심조심 의자에 앉았다.)

Breathe out and ease your knees in toward your chest.

(숨을 내쉬고 천천히 무릎을 가슴 쪽으로 가져오세요.)

3)의 예문들은 다음과 같다.

She didn't need me to ease her path.

(그녀는 수월하게 길을 가기 위해 내가 필요하지 않았다.)

Ramps have been built to ease access for the disabled.

(장애인들의 접근을 용이하게 하기 위해 경사로가 설치되었다.)

4)의 예문들은 다음과 같다.

Ease off that rope a bit.

(저 줄을 좀 늦추어라.)

Easy your grip on the wheel a little.

(운전대를 좀 느슨하게 잡으세요[너무 꽉 잡지 마세요].)

Now ease the wheel forward, just a little.

(운전대를 앞으로 좀 느슨하게 잡으세요.)

5)의 예문들은 다음과 같다.

The rates will soon **ease** off.

((요금 따위) 율이 곧 내릴 것이다.)

But there are ways to ease a tax burden.

(세금 부담을 낮출 수 있는 방법이 있다.)

Share prices eased back from yesterday's levels.

(주가가 어제 수준에서 다시 하락했다.)

4. For the morning sun in all its glory: **in all its glory**는 '눈부시게 아름다운'이란 뜻이다. 이 경우 glory는 '찬란한 아름다움, 장관'이란 뜻이다. 예문들은 다음과 같다.

The city was spread out beneath us **in all its glory**.

(그 도시는 우리 아래에 눈부시게 아름다운 모습으로 펼쳐져 있었다.)

Now this week in Sydney we see the medieval church in all its glory.

(자 시드니에 있는 이번 주에 우리는 찬란하게 아름다운 중세 교회를 본다.)

As you walk out of the forest, the beach is right in front of you in all its glory.

(당신이 숲 밖으로 걷는 동안에 당신 바로 앞에 눈부시게 아름다운 해변이 펼쳐진다.)

5. And at the end of the day: **at the end of the day**는 글자 그대로 '하루 중 마지막에, 하루가 끝날 무렵에'라는 뜻인데, 달리 표현하면 '결국(엔), 가장 중요한 것은'으로 이해하면 될 것이다. 예문들은 다음과 같다.

At the end of the day, I drink a beer.

(하루가 끝날 무렵, 나는 맥주를 마셔요.)

I always leave a clear desk at the end of the day.

(나는 하루의 일이 끝날 무렵에는 항상 책상을 깨끗이 치워 둔다.)

At the end of the day, I ask myself three questions.

(하루의 마지막에, 저는 세 가지 질문을 스스로에게 던집니다.)

At the end of the day it's up to them to decide.

(결국 결정은 그들에게 달려 있다.)

At the end of the day, terror is simply about creating fear.

(결국 가장 중요한 것은, 테러는 단지 공포심 조성과 연관된 것이라는 것이다.)

At the end of the day, the goals are simple: safety and security.

(결국엔 그 목표들이 안전과 보안이다.)

기억할 만한 영어 문장

1. Fill my heart with gladness.

   (내 마음을 기쁨으로 가득 차게 해 주세요.)

2. Ease my troubles that's what you do.

   (당신이 하는 일인 내 골칫거리를 덜어 주세요.)

3. Have I told you there's no one else above you?

   (당신보다 우위인 사람은 없다고, 제가 최근에 말한 적이 있나요?)

* 팝송 에세이

과거에 나를 사랑했던 연인에 대해 노래하고 있다. 연인은 당신은 내가 연약할 때 힘이 되고, 말을 할 수 없을 때 목소리가 되고, 볼 수 없을 때 눈과 같은 역할을 해 주었다. 그리고 연인은 기쁨을 제공해 주었고, 슬픔을 없애 주었고, 골칫거리를 덜어줄 정도이다. 연인은 웃음으로 가득 채워주고, 더 나은 삶을 살 수 있도록 만들어 주었다. 둘 사이의 사랑은 "신성한 사랑"이었다고 말함으로써 사랑의 완벽성을 보여주었다고 주장한다. 희로애락을 제공해줄 정도로 삶의 전 과정을 지배하고 있고, 고통을 덜어주면서 사랑하는 과정에서 더 나은 삶을 제공해줄 정도로 보완적인 관계이면서 온전히 기댈 수 있는 관계로서 발전해 온 것이다.

자신은 늘 감사하게 생각한다. 그 이유는 자신을 도와주었고, 자신이 진실을 볼 수 있게 해주었고, 자신에게 기쁨을 가져다주었고, 자신이 잘못되었을 때 바로 잡아 주었고, 자신의 꿈을 실현시켜주었기 때문이다. 이런 점들을 볼 때 사랑하는 사람은 자신을 훤히 꿰뚫어 보았고, 자신을 위해 온 몸을 다 바쳤음을 깨닫게 된다. 그럼에도 불구하고 "제가 당신을 사랑한다고 최근에 말한 적이 있나요 / 당신보다 우위인 사람은 없다고, 제가 최근에 말한 적이 있나요"라며 자신이 생각하고 있는 바가 제대로 전달되었는지 확인하고 싶어 한다.

사랑하는 사이에 전해지는 감정, 느낌, 생각과 신념은 굳이 말을 하지 않더라고 이심전심으로 전해질 것이다. 그렇지만 사람은 언제나 그런 것을 확인해보고 싶은 욕망에 사로잡히게 된다. 이런 욕망은 어쩌면 일상적이라고 할 수 있다. 그러니까 오른 손이 한 일을 왼 손이 몰라도 되는 것이 아니라 오른 손이 한 일을 왼 손이 확인하고 싶을 것이다. 더 나아가 정직하고 진실한 사이일수록 확인하지 않더라도 사랑하는 마음이 온전히 전해지는 경우가 더 나은 인간관계일 것이다. 거짓말하지 않고 열린 마음을 가지고 정직하고 진솔하게 이야기하고 행동한 결과는 굳이 따지거나 확인하지 않아도 상대방에게 전해지는 것이 상식적이기 때문이다. 진정한 사랑은 서로의 진실에 기꺼이 귀를 열어두고 상대에게 변함없이 충실하게 되면 자연적으로 전해지는 최고의 가치인 것이다.

사랑의 시작이 눈망울을 바라보면서 이루어지듯이, 사랑의 완성은 연인들의 마음이 충족되면서 마무리가 지어진다. 심리적 만족은 더 많은 것을 요구하거나 더 나은 그 무엇을 바라는 욕망이 아니라 서로의 존재 가치를 인정하고 존중해주면서 서로에게 부족하거나 결핍된 부분을 어느 정도 채워줌으로써 진정한 의미의 사랑은 완성된다. 어떻게 보면 본질적인 의미에서 사랑의 완성은 받으려는 마음이 없이 그저 주는 행위로만 끝나야 할 것이다. 그저 상대방에게 주는 행위에만 의미를 둘 때 사랑은 어떤 보상을 바라지 않게 될 것이다. 이런 행위는 상대방에게 밝은 빛을 비추는 것이 되고, 그 빛으로 용기와 힘을 얻게 되고 고무되어 삶을 좀 더 긍정적이면서 적극적으로 이끌고 갈 것이다. 사랑은 삶을 이끌어 나가는 원동력이면서 삶의 가치의 종착점이 될 것이다. 따라서 쉽지는 않지만 그저 사랑하는 대상에게 베푸는 것만으로 사랑을 실천해 보는 것은 어떨지?

★ 덧붙이는 글 ★

첫째 연, 네 번째 연과 여섯 번째 연에 있는
Have I told you lately that I love you
Have I told you there's no else above you의 끝에 물음표(?)가 붙이는 가사도 있는데, 물음표가 없어도 내용을 알 수 있기 때문에 일반적인 노래 가사에 제시되는 바와 같이 물음표를 생략하고 있다.

Can You Feel the Love Tonight

Sung by Elton John

There's a calm surrender to the rush of day
When the heat of the rolling world can be turned away
An enchanted moment, and it sees me through
It's enough for this restless warrior just to be with you

And can you feel the love tonight
It is where we are
It's enough for this wide-eyed wanderer
That we've got this far

And can you feel the love tonight
How it's laid to rest
It's enough to make kings and vagabonds
Believe the very best

There's a time for everyone if they only learn
That the twisting kaleidoscope moves us all in turn
There's a rhyme and reason to the wild outdoors
When the heart of this star-crossed voyager beats in time with yours

And can you feel the love tonight
It is where we are
It's enough for this wide-eyed wanderer
That we've got this far

And can you feel the love tonight
How it's laid to rest
It's enough to make kings and vagabonds
Believe the very best
It's enough to make kings and vagabonds
Believe the very best

오늘 밤 당신은 그 사랑을 느낄 수 있나요

엘튼 존의 노래

세차게 밀려오는 하루를 차분하게 받아들이고
돌아가는 세상 열기가 식어질 수 있는
황홀한 순간은 날 어려움을 이기게 만들어요
불안한 전사가 그저 당신과 함께 있는 그것으로도 충분하죠

오늘 밤 당신은 그 사랑을 느낄 수 있나요?
사랑은 우리가 있는 곳이에요
사랑은 이 소박한 방랑자에겐 충분하여
우리가 여기까지 오게 되었죠

오늘 밤 당신은 그 사랑을 느낄 수 있나요?
어떻게 사랑이 휴식을 주는가요?
사랑은 왕들과 방랑자들이 최선의 것이라고 믿게 만드는 데 충분해요

누구에게나 때가 있어요 사람들이 알게 된다면
일그러지고 있는 만화경이 우리 모두를 결국 감동시킨다는 걸을
자연그대로의 야외에도 압운과 까닭이 있어요
이 불운한 방랑자의 마음이 당신과 함께 고동칠 때

오늘 밤 당신은 그 사랑을 느낄 수 있나요?
사랑은 우리가 있는 곳이에요
사랑은 이 소박한 방랑자에겐 충분하여
우리가 여기까지 오게 되었죠

오늘 밤 당신은 사랑을 느낄 수 있나요
어떻게 사랑이 휴식을 주는가요
사랑은 왕들과 방랑자들이 바로 최선의 것이라고 믿게 만드는 데 충분해요
사랑은 왕들과 방랑자들이 바로 최선의 것이라고 믿게 만드는 데 충분해요

* 영어 발음 제대로 듣거나 말하기

1) 이어지는 소리(연음)의 경우

(1) 약모음 이동

There's a, turned away

There's a에서 a가 약모음 [ə]가 되어 앞 낱말 끝부분에 가서 붙어 '데어저'에 가깝게 발음된다. turned away에서 away의 a가 약모음 [ə]가 되어 앞 낱말 끝부분에 가서 붙어 '턴더 웨이'로 발음된다.

(2) 자음 이동

rush of, heat of, An enchanted, all in, heart of, seats in

rush of에서 rush의 자음 sh가 뒤에 있는 낱말 앞부분에 가서 붙어 '러 셔브'로 발음된다. of는 기능어로 약하게 발음되기 때문에 [əv] 또는 [ə]로 발음된다. heat of와 heart of도 마찬가지 경우이다. An enchanted에서 An의 자음 n이 뒤에 있는 낱말 앞부분에 가서 붙어 '애 닌챈티드'로 발음된다. all in에서 all의 자음 ll이 뒤에 있는 낱말 앞부분에 가서 붙어 '오 린'으로 발음된다. seats in에서 seats의 자음 ts가 뒤에 있는 낱말 앞부분에 가서 붙어 '시 친'에 가깝게 발음된다.

2) 없어지는 소리(탈락)의 경우

world can, restless, just to, got this, laid to

world can에서 world의 d는 자음 l과 can의 자음 c 사이에 놓이기 때문에 탈락되어 '월 캔'으로 발음된다. 이와 같이 자음과 자음 사이에 놓이는 여섯 개의 파열음인 철자—k/g, p/b, t/d—사이에 놓여 탈락되는 예로 restless가 해당된다.

just to에서 just에서 t와 to의 t가 같은 철자이고 겹쳐서 나타나기 때문에 앞의 t는 탈락되어 '저스 터'로 발음된다.

got this에서 got의 t와 this의 th- 발음 [ð]와 발음이 비슷하기 때문에 앞의 t가 탈락되어 '가 디스'에 가깝게 발음된다.

laid to에서 laid의 d와 to의 t는 최소쌍(minimal pair)으로 같은 위치에서 소리가 나기 때문에 앞의 d가 탈락되어 '레이 터'로 발음된다.

3) 닮는 소리(동화)의 경우

heat of, heart of

heat of에서 t(t)가 강모음과 약모음 사이에 놓이면 단타음(單打音)으로 되어 t도, d도, r도 아닌 발음이 된다. heat of는 '히러브'에 가깝게 발음된다. 이 소리는 한글로 정확하게 표기할 수 없으며 오직 소리로만 익힐 수밖에 없다. 특히 미국영어(AmE)에서 두드러진 현상이다. heart of도 마찬가지 경우이다.

4) 줄어진 소리(축약)의 경우

There's, It's, we've

be 동사의 경우인 There's와 It's, have 동사의 경우인 we've가 있다.

5) 주의해야 할 발음

When, where

When과 where에서 wh~로 시작되는 낱말은 'w'뒤에 있는 'h'의 소리가 보통 들리지 않는다. 그러니까 When은 '휀'이라기 보다 '웬'에 가깝게, where는 '웨어'라기 보다 '웨어'에 가깝게 발음된다. 그러나 사람과 관련된 who, whose, whom은 예외로 'h'의 소리가 그대로 난다.

* 팝송에 들어 있는 쓸모 있는 영어 표현들

1. There's a calm surrender to the rush of day: **calm surrender**는 글자 그대로 '차분한 굴복'인데 침착하게 저항하지 않고 받아들인다고 볼 수 있다. **rush of day**는 하루가 세차게 밀려오는 것을 표현하고 있다고 볼 수 있다. 그러니까 해가 떠서 하루가 시작될 때 차분하게 받아들인다고 이해할 수 있다. 그러다가 다음 연에 있는

2. When the heat of the rolling world can be turned away: rolling world에서 rolling은 '(장기간에 걸쳐) 규칙적인 단계로 이뤄진'과 '(산간·시골 지역이) 완만하게 경사진, 구릉으로 된'이란 뜻이다. 여기서 rolling은 앞의 뜻의 비유적인 표현이다. 그러니까 **rolling world**는 글자 그대로 '굴러가는 세상'이기에 늘 하루하루 규칙적으로 반복되는 세상의 흐름 즉, 매일 매일의 세계라고 이해할 수 있다. 따라서 the heat of the rolling world는 주로 하루하루 가운데 낮 동안을 묘사한다고 볼 수 있다. 이 문장은 '낮 동안의 열기가 사라졌을 때'라고 이해할 수 있다.

   turn away는 1) '(고개 또는 시선 등을) 돌리다', 2) '(~에 들어오지 못하게) ~를 돌려보내다[쫓아 보내다]'와 3) '물리치다; 외면하다, 돌보지 않다; 거부[거절]하다'라는 뜻으로 쓰인다. 이 노래에서는 1)의 뜻이 비유적으로 쓰이고 있다.

   1)의 예문들은 다음과 같다.

   I **turned away** and looked out of the window.
   (나는 시선[고개]을 돌려 창밖을 내다보았다.)

   His handsome profile was turned away from us.
   (그의 잘 생긴 옆모습이 우리 반대 방향을 보고 있었다.)

   She turned away and muttered something unintelligible.
   (그녀가 고개를 돌리며 뭐라고 알아들을 수 없는 말을 중얼거렸다.)

2)의 예문들은 다음과 같다.

You can't **turn** him **away** at this hour of the night.

(당신은 이런 밤 시각에 그를 돌려보낼 수는 없다.)

They had nowhere to stay so I couldn't turn them away.

(그들은 머물 곳이 아무데도 없어서 내가 그들을 쫓아 보낼 수가 없었다.)

The college has been forced to turn away prospective students.

(그 대학은 입학 신청자들을 돌려보낼 수밖에 없었다.)

3)의 예문들은 다음과 같다.

Bribes offered, and **turned away**.

(뇌물의 유혹이 있었지만 거절당했습니다.)

Younger voters are turning away from the party.

(젊은 유권자들은 그 당을 외면하고 있다.)

How many of my people have died because he turned away his face?

(그가 외면함으로 인해 얼마나 많은 사람들이 죽었는가?)

3. and it sees me through: **see through**는 1) '(특정한 기간 동안) ~를 도와[견디게해] 주다/~가 ~을 나도록[견디도록] 해 주다', 2) '(보통 진행형으로는 쓰이지 않음) (포기하지 않고) ~을 끝까지 해내다', 3) 진행형으로는 쓰이지 않으면서 '~을[를] 간파하다, 꿰뚫어보다'와 4) '끝까지 지켜보다, 도와주다'(=assist, guide)라는 뜻으로 쓰인다. 이 노래에서는 1)이 뜻으로 쓰이고 있다.

1)의 예문들은 다음과 같다.

I only have $20 to **see** me **through**.

(나는 한 주를 날 돈으로 이십 달러밖에 가지고 있지 않다.)

Her courage and good humour saw her through.

(그녀의 용기와 유머 감각이 그녀를 견디게 해 주었다.)

Those principles will see us through the recession.

(그런 원칙들을 우리는 불경기 내내 견뎌내게 해 줄 것이다.)

2)의 예문들은 다음과 같다.

I'd like to **see** it **through** to the end.
(나는 그 프로젝트를 끝까지 마무리하고 싶어요.)

She's determined to see the job through.
(그녀는 그 일을 끝까지 해내리라 작정하고 있다.)

As long as I have started this, I'd better see it through.
(내가 모처럼 시작한 일이니 끝을 봐야겠다.)

3)의 예문들은 다음과 같다.

I can **see through** your little game.
(나는 당신의 되잖은 수작을 난 간파할 수 있어.)

We saw through him from the start.
(우리는 처음부터 그를 간파했다.)

We could see the moon through a break in the clouds.
(구름이 갈라진 사이로 달이 보였다.)

4)의 예문들은 다음과 같다.

I plan to **see** this one **through** to the end.
(나는 이일을 끝까지 도와줄 것이라고 계획했다.)

I think maybe I'll see it through, just this once.
(내가 그걸 도와준다면 딱 이번만이야.)

4. It is enough for this restless warrior just to be with you: **restless**는 1) '(지루하거나 따분해서) 가만히 못 있는[들썩이는], 안절부절 못하는'과 2) '제대로 쉬지[잠들지] 못하는'이란 뜻으로 쓰인다. 이 노래에서는 1)의 뜻으로 쓰이고 있다.

1)의 예문들은 다음과 같다.

They all felt **restless** and unsettled.
(그들은 모두 가만히 못 있고 불안해했다.)

The audience was becoming restless.
(관객들이 들썩이기 시작하고 있었다.)

My father seemed very restless and excited.

(우리 아버지는 안절부절못하며 매우 흥분하신 것 같았다.)

2)의 예문들은 다음과 같다.

I have spent a **restless** night.

(나는 잠 못 이루는 하룻밤을 보냈다.)

Sales are stuffy and restless occasion.

(판매라고 하는 것은 숨 막히는 휴식 없는 일이다.)

I spent a restless night and now I have a headache.

(나는 잠을 못 자서 머리가 아프다.)

warrior는 '(특히 과거의) 전사(戰士)'란 뜻이다. restless warrior는 '안절부절 못하는 전사'의 이미지를 떠올려 볼 수 있다. 무언가 마음이 안정되어 있지 못하면서 전쟁터에 나가 있는 전사의 이미지를 통해 사랑을 구하는 사람으로서의 심경을 나타내고 있다고 볼 수 있다.

이 문장은 It ~ for … to의 문장이다. 그러니까 for 다음에 있는 대상이 주체가 되고 to 이하는 주체의 행위이고 그 행위를 it라는 대명사로 대신하고 있는 형태이다.

5. It's enough for this wide-eyed wanderer: **wide-eyed**는 1. '(두려움 · 놀람 등으로) 눈이 휘둥그레진'과 2) '(경험이 없어서) 순진한, 소박한'이란 뜻이다. 이 노래에서는 2)의 뜻으로 쓰이고 있다.

1)의 예문들은 다음과 같다.

She became **wide-eyed**.

(그녀의 눈이 왕방울만 해졌다.)

She stared at me wide-eyed.

(그녀는 눈을 동그랗게 뜨고 나를 쳐다보았다.)

She stared at him in wide-eyed amazement.

(그녀는 눈이 휘둥그레질 정도로 깜짝 놀라서 그를 빤히 바라보았다.)

2)의 예문들은 다음과 같다.

Did you want me wide-eyed and demure?

(너는 내가 순진하면서도 얌전하기를 바랬니?)

6. How it's laid to rest: **laid**는 lay의 과거와 과거분사 모양이다. 여기서는 수동태로 laid가 과거분사로 쓰이고 있다. 여기서 lay는 여러 가지 뜻 가운데 '(무엇을 사용하기 위해 특히 바닥에) 놓다/깔다/설치하다'라는 뜻이 비유적으로 쓰이고 있다고 볼 수 있다. '휴식을 제공하기 위해 사랑이 어떻게 놓이나요'라는 것은 '사랑이 어떻게 휴식을 제공하는가요'라고 이해할 수 있다.

7. Believe the best: **the best**에서 best는 good의 최상급이다. 최상급은 비교급과 마찬가지로 형용사나 부사만이 될 수 있다. 그런데 여기서 best는 보통 the가 붙어서 명사로 쓰이고 있다. the best로 쓰일 경우 '(품질·능력이) 최고[최상], (도달 가능한 수준이) 최상[최선], (가능한) 최대치, (특히 스포츠에서) 최고 기록'이란 뜻으로 쓰인다. 여기서는 사랑의 가치가 '최상'이라고 이해할 수 있다.

believe the best는 kings와 vagabonds의 앞에 있는 동사 make와 관련이 있다. 그러니까 make라는 강제성을 띤 동사 다음에 목적어(kings and vagabonds)가 오고 그 다음에 to 부정사(to believe)가 아닌 알몸동사(원형동사)(believe)가 오도록 되어 있다. 두 행을 합쳐서 보면 It ~ for … to의 구문이다. 이 노래의 뜻의 테두리에 넣을 수 있으면서 명사로 쓰인 best가 들어간 예문들은 다음과 같다.

I don't really feel at my **best**.

(오늘은 사실 내 몸의 상태가 최상이 아니다.)

The town looks its best in the spring.

(그 소도시는 봄에 제일 보기 좋다.)

She always brings out the best in people.

(그녀는 항상 사람들에게 최상(의 능력)을 유도해 낸다.)

8. That the twisting kaleidoscope: kaleidoscope는 발음이 [kəlaɪdəskoʊp]로 '만화경, 만화경 같은 것(변화무쌍한 상황·무늬 등)'이란 뜻이다. **twisting kaleidoscope**는 '일그러지고 있는 만화경'이다.

9. moves us all in turn: **in turn**은 1) '차례차례, 교대로'와 2) '결국[결과적으로]'이란 뜻으로 쓰인다. 이 노래에서는 2)의 뜻으로 쓰이고 있다.

1)의 예문들은 다음과 같다.

The children called out their names **in turn**.
(아이들이 차례차례 자신의 이름을 말했다.)

In the city squares the neon lights flashed in turn.
(시가지에서는 네온 불빛이 차례로 점멸했다.)

Attack each argument that the opposition presents in turn.
(반대편이 주장하는 각각의 주장을 차례로 공격하세요.)

2)의 예문들은 다음과 같다.

This **in turn** saves fuel use in tractors.
(이것은 결국 트랙터의 연료사용을 절감하게 한다.)

The drugs trade in turn is fuelling the conflict.
(마약 거래가 결국 갈등을 부채질 하고 있다.)

This in turn will help to ease the housing shortage.
(이것은 결국 주택 부족을 완화하는데 도움을 줄 것이다.)

10. There's a rhyme and reason to the wild outdoors: **a rhyme and reason**은 글자 그대로 '압운과 까닭'이라는 뜻이다. 비유적인 뜻으로 보면 '나름대로의 질서나 그럴만한 이유'라고 할 수 있다.

11. When the heart of this star-crossed voyager: **star-crossed**는 '불운한, 불행한, 운수 나쁜'이란 뜻으로 쓰인다. **voyager**는 '여행자'라는 뜻으로 쓰인다.

12. beats in time with yours: **in time** 은 1) '이윽고'와 2) '(~에) 시간 맞춰[늦지 않게]'라는 뜻으로 쓰인다. 이 노래에서는 2)의 뜻으로 쓰이고 있다.

1)의 예문들은 다음과 같다.

Peace will come between them **in time**.

(결국 그들 사이에는 화해가 이루어질 것이다.)

I'm sure you'll grow to like her in time.

(결국에는 틀림없이 네가 그녀를 좋아하게 될 거야.)

They learned to accept their stepmother in time.

(그들은 이윽고 그들의 새엄마를 받아들일 줄 알게 되었다.)

2)의 예문들은 다음과 같다.

You'll be **in time** if you hurry.

(자네가 서두르면 시간에 맞출 수 있을 것이다.)

Will we be in time for the six o'clock train?

(우리가 여섯 시 기차에 맞춰 갈 수 있을까?)

I arrived just in time for my flight to London.

(나는 런던발 비행기 시간에 딱 맞춰서 도착했다.)

기억할 만한 영어 문장

1. There's a time for everyone.

   (누구에게나 때가 있어요.)

2. Can you feel the love tonight?

   (오늘 밤 당신은 그 사랑을 느낄 수 있나요?)

3. It's enough for this restless warrior just to be with you.

   (불안한 전사가 그저 당신과 함께 있는 그것으로도 충분하죠.)

* 팝송 에세이

사랑은 누가 할 수 있을까? 신분이 높은 사람만 사랑을 할 수 있을까? 아니면 사랑을 할 수 있는 계층은 있는가? 이에 대한 답변은 상식적인 선에서 이루어질 것이다. 신분의 차이에 관계가 없이 인간이면 누구나 사랑할 수 있는 기회와 권리가 있다. 이 노래에서는 방랑자와 왕들을 내세워 신분의 차이에 상관이 없이 사랑은 이루어질 수 있음을 이야기하고 있다.

사랑은 인간의 삶에 있어서 주춧돌과 바탕이 되고 삶의 추진력이자 원동력이 됨은 어느 누구도 부정할 수 없다. 사랑은 누구에게나 중요한 가치이고 사랑이 있는 곳은 특별한 장소가 아니다. 사랑을 느낄 수 있는 장소도 특별한 곳도 아니다. 사랑은 그저 사랑하는 사람들이 있는 바로 그 곳이 사랑을 나누는 장소이다. 이것은 사랑을 나눌 수 있는 곳은 어느 곳에서나 이루어질 수 있다는 것을 의미한다. 사랑하는 사람은 늘 평온한 것만은 아니다. 사랑하는 사람은 때로는 불안하기도 하고 때로는 황홀한 순간도 맛보지만 세상의 흐름을 차분하게 받아들이면서 같은 마음으로 사랑할 수 있어야 한다. 운이 좋지 않은 경우에도 사랑에는 때 즉, 시기가 있고 그만한 이유가 있기에 사랑은 사랑하는 사람들 서로에게 감동을 준다고도 노래한다. "오늘 밤 당신은 사랑을 느낄 수 있나요 / 어떻게 사랑이 휴식을 주는가요 / 사랑은 왕들과 방랑자들이 바로 최선의 것이라고 믿게 만드는 데 충분해요"라며 사랑 찬가로 끝맺음을 하고 있다.

사랑하는 사람들에게 축복이 내릴 수 있는 세상을 꿈꾸어 본다. 자기 앞의 이해관계와 정치적 계산으로 사랑의 기본을 망각하고 사는 힘이 있고 권력을 가진 자들이 주변에 많이 있음을 우리는 어렵지 않게 볼 수 있다. 권력과 금력에 빌붙어서 콩고물이라도 거두어보려는 광경들을 볼 때마다. 사랑의 기본이 절실히 필요한 때가 아닐까 생각해 본다.

★ 덧붙이는 글 ★

『라이온 킹』(*The Lion King*)의 오리지널 사운드 트랙(OST)이다.

I Don't Know How To Love Him

Sung by Helen Reddy

I don't know how to love him
What to do, how to move him
I've been changed, yes really changed
In these past few days when I've seen myself
I seem like someone else
I don't know how to take this
I don't see why he moves me
He's a man he's just a man
And I've had so many men before in very many ways
He's just one more

Should I bring him down
Should I scream and shout
Should I speak of love
Let my feelings out?
I never thought I'd come to this
What's it all about?
Don't you think it's rather funny
I should be in this position?
I'm the one who's always been
So calm so cool
No lover's fool, running every show
He scares me so

I never thought I'd come to this
What's it all about? (What's it all about?)
Yet, if he said he loved me
I'd be lost, I'd be frightened
I couldn't cope just couldn't cope
I'd turn my head, I'd back away

I wouldn't want to know
He scares me so
I want him so
I love him so

내가 그를 사랑하는 방법을 몰라요

헬렌 레디의 노래

나는 그를 사랑하는 방법을 몰라요.
무엇을 해야 하나요. 그를 움직이려면 어떻게 해야 하나요
이 사랑을 붙잡으려면 어떻게 해야 좋은지 나는 몰라요
나는 변해왔어요. 그래요 정말로 변해 왔어요
내가 내 자신을 바라본 이 지난 몇 일 사이에
나는 다른 누군가인 것처럼 여겨져요
내가 이것을 어떻게 받아들여야 할 지 모르겠어요
나는 그가 나를 움직이지 못하는 이유를 알아요
그는 남자인데 너무 단순한 남자이에요
그리고 나는 여러 가지 방법으로 예전에 많은 남자를 사귀어왔지만
그는 그저 또 다른 한 사람이에요

내가 그의 콧대를 꺾어야 하나요
내가 소리치고 외쳐야 하나요
내가 사랑에 대해 이야기를 해야 하나요
내 감정을 드러내야 하나요?
난 이렇게까지 오리라곤 결코 생각을 못 했어요
이 모든 게 무엇에 관한 건가요?
당신은 그게 웃긴다고 생각하지 않으세요
저가 이런 위치에 있어야 하는가요?
난 지금까지 늘 있어왔던 그런 사람에 불과해요
아주 침착하고 아주 멋져요
매번 등장할 때마다 아무도 당할 수 없는 연인
그래서 그는 나를 무척 놀라게 해요.

난 이렇게까지 오리라곤 결코 생각을 못 했어요
이 모든 게 무엇에 관한 건가요? (이 모든 게 무엇에 관한 건가요?)
그러나 만약에 그가 나를 사랑한다고 말하면
나는 정신을 잃게 되고 나는 놀라고 말겠어요
나는 그저 대처할 수 없어서 대처할 수 없을 거예요
나는 머리를 돌려 뒤로 물러서겠어요
나는 알고 싶어하지 않겠어요
그는 나를 무척 놀라게 해요.
나는 그를 무척 원해요
나는 그를 무척 사랑해요

* 영어 발음 제대로 듣거나 말하기

1) 이어지는 소리(연음)의 경우

(1) 약모음 이동

He'**s a**, jus**t a**, al**l a**bout, bac**k a**way

He'**s a**에서 a가 약모음 [ə]가 되어 앞 낱말 끝부분에 가서 붙어 '히저'로 발음된다. just a도 마찬가지 경우이다. al**l a**bout에서 about의 a가 약모음 [ə]가 되어 앞낱말 끝부분에 가서 붙어 '올러 바웃'으로 발음된다. bac**k a**way에서 away의 a가 약모음 [ə]가 되어 앞 낱말 끝부분에 가서 붙어 '배커 웨이'로 발음된다.

(2) 자음 이동

lo**ve h**im, mo**ve h**im, spea**k o**f, What'**s i**t

lo**ve h**im에서 love의 자음 v가 뒤에 있는 낱말 앞부분에 가서 붙어 '러 빔'으로 발음된다. love의 끝에 있는 모음 e는 약하게 발음되기 때문에 무시해도 될 정도이다. move him도 마찬가지 경우이다. spea**k o**f에서 speak의 자음 k가 뒤에 있는 낱말 앞부분에 가서 붙어 '스피 커브'로 발음된다. of는 기능어로 약하게 발음되기 때문에 [əv] 또는 [ə]로 발음된다. What'**s i**t에서 What's의 자음 s가 뒤에 있는 낱말 앞부분에 가서 붙어 '와 짓'으로 발음된다.

2) 없어지는 소리(탈락)의 경우

don'**t** know, Wha**t** to, don'**t** see, shoul**d** be, lov**ed** me, couldn'**t** cope, wouldn'**t** want, wan**t** to

don'**t** know에서 don't의 t는 자음 n과 know의 자음 k 사이에 놓이기 때문에 탈락되어 '던 노우'로 발음된다. 이와 같이 자음과 자음 사이에 놓이는 여섯 개의 파열음인 철자—k/g, p/b, t/d—사이에 놓여 탈락되는 예로 don'**t** see, shoul**d** be, couldn't cope와 wouldn't want가 해당된다.

What to에서 What의 t와 to의 t가 같은 철자로 겹쳐서 나오기 때문에 앞의 t가 탈락되어 '와 터'로 발음된다. want to도 마찬가지 경우에요.

loved me에서 loved에서 ed-의 발음 [d]이 앞의 자음 v와 me의 자음 m 사이에 놓이기 때문에 [d]이 탈락되어 '러브 미'로 발음된다.

3) 닮는 소리(동화)의 경우

Should I, Don't you

Should I에서 d가 강모음과 약모음 사이에 놓이면 단타음(單打音)으로 되어 t도, d도, r도 아닌 발음이 된다. Should I는 '슈라이'에 가깝게 발음된다. 이 소리는 한글로 정확하게 표기할 수 없으며 오직 소리로만 익힐 수밖에 없다. 특히 미국영어(American English)에서 두드러진 현상이다.

Don't you에서 Don't의 t[t]와 you의 y[j]가 합쳐져 서로 닮아서 [tʃ]로 바뀌어 '돈 츄'에 가깝게 발음된다. 따라서 이런 현상은 영국영어(British English) 보다 미국영어(American English)에서 자주 나타나는 현상이다.

4) 줄어진 소리(축약)의 경우

I've, don't, He's, I'd, it's, Who's, lover's, couldn't, wouldn't

have 동사의 경우인 I've, 부정형인 don't, couldn't와 wouldn't, be 동사의 경우인 He's, it's, Who's와 lover's, 도우미동사(조동사)의 경우인 I'd가 있다.

5) 주의해야 할 발음

What, why

What과 **why**에서 wh~로 시작되는 낱말은 'w'뒤에 있는 'h'의 소리가 보통 들리지 않는다. 그러니까 What은 '홧'이라기 보다 '왓'에 가깝게, why는 '화이'라기 보다 '와이'에 가깝게 발음된다. 그러나 사람과 관련된 who, whose, whom은 예외로 'h'의 소리가 그대로 난다.

* 팝송에 들어 있는 쓸모 있는 영어 표현들

1. I don't know why he moves me: **move**는 '(몸 등을) 움직이다, 움직이게 하다, 옮기다'라는 뜻이 아닌 '가슴[마음]이 뭉클해지게[아프게] 하다'라는 뜻이다. 예문들은 다음과 같다.

I'm gonna try and **move** him.

(나는 그를 감동시키기 위해 노력할 거야.)

We were deeply moved by her plight.

(우리는 그녀의 곤경에 너무 마음이 아팠다.)

Grown men were moved to tears at the horrified scenes.

(다 큰 남자들이 그 끔찍한 광경에 가슴이 아파서 눈물을 흘렸다.)

2. Should I bring him down: **bring down**은 1) '~을[를] 줄이다[낮추다], (항공기를) 착륙시키다, (항공기를) 격추하다, 파멸[도산]시키다, 붕괴시키다'와 2) '~를 실각[패배]시키다, 콧대를 꺾다, 무너뜨리다, 높은 수준에서 낮은 수준으로 끌어내리다'라는 뜻으로 쓰인다. 이 노래에서는 2)의 뜻으로 쓰이고 있다.

1)의 예문들은 다음과 같다.

Missiles **brought down** two of our planes.

(미사일이 아군 비행기 두 대를 격추시켰다.)

We aim to bring down prices on all our computers.

(저희는 저희의 모든 컴퓨터 가격을 낮추는 것을 목표로 하고 있습니다.)

The pilot managed to bring the plane down in a field.

(조종사가 비행기를 들판에 간신히 착륙시켰다.)

2)의 예문들은 다음과 같다.

Words won't **bring** us **down**.

(어떤 말들도 우릴 무너뜨릴 순 없어.)

The scandal may bring down the government.

(그 스캔들로 정부가 실각하게 될 수도 있다.)

They bring themselves down with their own thought processes.

(그들은 그들만의 생각 과정으로 자신들을 의기소침하게 합니다.)

3. Let my feelings out?: **let out**는 1) '(울음소리 · 신음소리 등을) 내다, (셔츠 · 외투 등의 품을) 늘리다, 끝나다'와 2) '(얽매이거나 관련되어 있다는 느낌에서) 풀어 주다[해방시키다]'라는 뜻으로 쓰인다. 이 노래에서는 2)의 뜻으로 쓰이고 있다.

1)의 예문들은 다음과 같다.

The movie has just **let out**.

(영화가 지금 막 끝났다.)

She let out a little cry of pain.

(그녀는 약간 고통스러운 비명을 질렀다.)

The waist in these skirts needs to be let out.

(이 치마는 허리를 늘려야 한다.)

2)의 예문들은 다음과 같다.

Now just **let** it **out** gently.

(이제 천천히 마음속 얘기를 해보세요.)

He has got to let out his frustrations.

(그 애는 자기의 불만을 밖으로 표현할 필요가 있다.)

They think the attacker was very tall—so that lets you out.

(그들은 공격을 한 그 범인이 키가 아주 컸던 것으로 생각한대요. 그러니 당신은 아닌 거죠.)

4. What's it all about?: **What's it all about?**는 글자 그대로 '그것은 모두 무엇에 관한 것인가?'인데 이 문장은 '어떻게 된 사연이죠?'라는 뜻으로 쓰인다. 따라서 이것은 도대체 무엇 때문에 이런 상황까지 왔는지 알고 싶은 마음을 드러내고 있다고 볼 수 있다.

5. I'm the one who's always been: **the one**은 '특정한 사람이나 사물'을 뜻한다. 예문들은 다음과 같다.

I don't want to be **the one** always.
(나는 항상 그런 사람이 되고 싶지 않아.)
She is the one sitting on the couch.
(그녀는 긴 의자에 앉아있는 사람이야.)
Our house is the one next to the school.
(우리 집은 학교 옆에 있는 거예요.)

6. No lover's fool: **no lover's fool**을 이해하기 위해 be no/nobody's fool이라는 숙어를 알 필요가 있다. 이 숙어는 '(아주 똑똑하거나 많이 알아서) 아무도 당할 수 없는 사람이다'라는 뜻이다. nobody's fool은 '영리한 사람, 속이기 힘든 사람, 보기보다 똑똑한 사람'이란 뜻이다. 따라서 no lover's fool은 '어떤 연인에게도 바보가 되지 않는 사람'즉, '아무도 당할 수 없는 연인'이라고 이해할 수 있을 것이다. 그만큼 능력이나 격이나 외모가 출중하다는 것을 뜻한다. 참고로 be no/nobody's fool의 문장의 예를 들면 다음과 같다.

Mary **is nobody's fool**. She knows Jack would try to cheat her.
(메리는 똑똑한 사람이다. 잭이 그녀를 속이려고 하는 것을 꿰뚫어보고 있다.)
Ann looks as though she's not very bright, but she's nobody's fool.
(앤은 그다지 머리가 좋지 않은 것 같지만, 천만에, 빈틈이 없다.)
She's nobody's fool when it comes to dealing with difficult patients.
(힘든 환자를 다루는 문제라면 아무도 그녀를 못 당한다.)

7. Running every show: **run show**는 '쇼를 진행하다'라는 뜻이다.

8. I couldn't cope just couldn't cope: **couldn't cope just couldn't cope**는 '그저 대처할 수 능력이 없기 때문에 당연히 대처할 수 없다'는 뜻으로 이해하면 될 것이다. couldn't cope가 반복되고 있는 점에 유의할 필요가 있고, 뒷 부분에 just가 이런 해석의 가능성을 높여주는 것이 아닐까 추측된다.

9. I'd back away: **back away**는 '(~에서) 뒷걸음질치다[(~을) 피하다]'라는 뜻으로 쓰인다.

기억할 만한 영어 문장

1. I don't know how to love him.
(나는 그를 사랑하는 방법을 몰라요.)
2. I never thought I'd come to this.
(난 이렇게까지 오리라곤 결코 생각을 못했어요.)
3. I've had so many men before in very many ways.
(나는 여러 가지 방법으로 예전에 많은 남자를 사귀어왔어요.)

* 팝송 에세이

사랑하는 사람을 간절히 원하지만 다가갈 수 없을 때 어떻게 해야 하는지에 대해 망설이고 있는 경우가 가끔 일어날 것이다. 여인의 경우 그녀가 사랑하고자 하지만 쉽게 그 남자에게 다가갈 수 없을 때 그 이유를 알고 싶어 여러 가지 생각을 하게 될 것이다. 사랑하고자 하는 그 남자를 사랑하기 위해 "내가 그의 콧대를 꺾어야 하나요 / 내가 소리치고 외쳐야 하나요 / 내가 사랑에 대해 이야기를 해야 하나요 / 내 감정을 드러내야 하나요?"라며 갖가지 행동을 생각해 보지만 정작 행동으로 옮기지 못하고 있다. 대상으로 바라보는 남자, 여인이 사랑하고자 하는 남자, 그저 또 다른 한 사람의 남자라고 스스로 위로해 보지만 정작 그 남자가 여인에게 다가 온다면 어떻게 될까?

머릿속 생각으로 그가 다가와서 그녀를 사랑한다고 말하면 그녀는 "정신을 잃게 되고 놀라고 말"것이고 "그저 대처할 수 없어서 대처할 수 없을"거라고 말한다. 그녀가 그토록 그를 사랑하는 방법을 모른다고 말하지만 정작 그녀에게 그가 다가오게 되면 그녀는 놀라서 뒤로 물러서면서도 "나는 그를 무척 원해요 / 나는 그를 무척 사랑해요"라며 마음속으로 되뇌이게 될 것이다.

사랑하는 대상은 저만큼 떨어져 있는 것이 아니다. 사랑하는 마음을 그냥 그대로 표현하면 되는 것이다. 사랑하는 대상이 자신이 기대하고 원하는 만큼 자신의 욕망을 충족시켜줄 것이라는 백 퍼센트의 확신이 아닌 그저 사랑스런 마음을 드러내면서 사랑을 통한 의사소통을 시작하는 것이 중요할 것이다. 사랑 행위는 시작한 이후부터 사랑 이야기가 만들어지기 때문에 만남 이전의 두려움이나 초조함을 벗어 던지고 만나서 열린 마음과 솔직함으로 이야기를 나누면서 자신이 스스로 사랑의 의미를 판단해야 할 것이다. 자신을 사랑하는 자기애를 기본으로 자긍심을 먼저 갖고 대등한 입장에서 대화를 나누게 된다면 사랑을 위한 첫 문을 열게 되는 것이다.

★ 덧붙이는 글 ★

팀 라이스(Tim Rice) 작사, 앤드류 로이드 웨버(Andrew Lloyd Webber) 작곡으로, 천구백칠십 년에 만들어진 영국의 록 오페라 『지저스 크라이스트 수퍼스타』(*Jesus Christ Superstar*)의 대표곡이다. 막달라 마리아가 부르는 아름다운 발라드로, 브로드웨이 초연에서와 마찬가지로 영화에서도 이본느 엘리만이 불렀다. 천구백칠십일 년 이 월부터 오스트레일리아 출신의 가수 헬렌 레디의 레코드가 대 히트했다. 새러 브라이트먼(Sarah Brightman)의 노래는 상당히 감미롭다.

Against All Odds

Sung by Phil Collins

How can I just let you walk away
Just let you leave without a trace
When I stand here taking every breath with you, ooh
You're the only one who really knew me at all

How can you just walk away from me
When all I can do is watch you leave
'Cause we shared the laughter and the pain, and even shared the tears
You're the only one who really knew me at all

So take a look at me now
There's just an empty space
And there's nothing left here to remind me
Just the memory of your face

Ooh take a good look at me now
Well there's just an empty space
And you coming back to me
Is against all the odds
And that's what I've got to take

I wish I could just make you turn around
Turn around and see me cry
There's so much I need to say to you
So many reasons why
You're the only one who really knew me at all

So take a look at me now
Well there's just an empty space
And there's nothing left here to remind me
Just the memory of your face

Now take a good look at me now
There's just an empty space
But to wait for you is all I can do
And that's what I've got to face

Take a good look at me now
'Cause I'll still be standing there
And you coming back to me
Is against all the odds
It's the chance I got to take

Take a good look at me now

모든 역경에도 불구하고

필 콜린스의 노래

어떻게 내가 당신을 떠나보낼 수 있나요
그리고 어떻게 그저 아무런 흔적이 없이 당신을 떠나보낼 수 있겠어요
당신과 함께 호흡을 하면서 이곳에 서있을 때 오
어쨌든 당신은 나의 모든 것을 정말로 이해했던 유일한 사람이에요

어떻게 당신은 나를 그저 떠날 수 있나요
내가 할 수 있는 일은 당신이 떠나가는 걸 바라볼 수밖에 없을 때
우린 웃음과 고통, 그리고 심지어 눈물마저 함께 나눴기에
어쨌든 당신은 나의 모든 것을 정말로 이해했던 유일한 사람이에요

그러니 지금 날 봐 주세요
단지 텅 빈 공간만 있어요
그리고 당신을 떠올릴 수 있는 것이라곤 나에게 남아있는 것이 아무것도 없어요
단지 당신의 얼굴에 대한 기억만 남아있어요

지금 날 제대로 봐 주세요
단지 텅 빈 공간만 있어요
그리고 모든 역경에도 불구하고
당신이 다시 내게 돌아오는 것이에요
그것이 제가 받아 들여야 하는 현실이군요

내가 당신을 다시 돌아오게 할 수만 있다면
돌아서서 울고 있는 날 볼 수만 있다면.
난 당신께 해줄 말이 너무 많아요
그래서 많은 이유들도요
어쨌든 당신은 나의 모든 것을 정말로 이해했던 유일한 사람이에요

그러니 지금 날 봐 주세요
글쎄요 단지 텅 빈 공간만 있어요
그리고 당신을 떠올릴 기억이라고는 나에게 남아있는 것이 아무것도 없어요
단지 당신의 얼굴에 대한 기억만 남아있어요

지금 한 번만 날 자세히 보세요
텅 빈 공간만 남아 있어요
하지만 당신을 기다리는 것이 내가 할 수 있는 일이에요
그리고 그게 제가 받아 들여야만 하는 현실이에요

자 지금 한 번만 나를 자세히 보세요
내가 아직도 여기 서 있기에
그리고 모든 역경에도 불구하고
당신이 다시 내게 돌아오는 것이에요
그게 내가 받아들여야 할 가능성이에요

지금 한 번만 날 자세히 보세요

* 영어 발음 제대로 듣거나 말하기

1) 이어지는 소리(연음)의 경우

(1) 약모음 이동

walk away, without a, take a, just an, turn around

walk away에서 away의 a가 약모음 [ə]가 되어 앞 낱말 끝부분에 가서 붙어 '오커 웨이'로 발음된다. without a에서 a가 약모음 [ə]가 되어 앞 낱말 끝부분에 가서 붙어 '위다우러'에 가깝게 발음된다. take a도 마찬가지 경우이다. just an에서 an의 a가 약모음 [ə]가 되어 앞 낱말 끝부분에 가서 붙어 '저스턴'으로 발음된다. turn around에서 around의 a가 약모음 [ə]가 되어 앞 낱말 끝부분에 가서 붙어 '터너 라운드'로 발음된다.

(2) 자음 이동

look at

look at에서 look의 자음 k가 뒤에 있는 낱말 앞부분에 가서 붙어 '루 캣'으로 발음된다.

2) 없어지는 소리(탈락)의 경우

just let, stand here, just walk, shared the, and the, empty, remind me, just the, And that's, got to, could just, just make, There's so, need to, But to

just let에서 just의 t는 자음 s와 let의 자음 l 사이에 놓이기 때문에 탈락되어 '저스렛'으로 발음된다. 이와 같이 자음과 자음 사이에 놓이는 여섯 개의 파열음인 철자—k/g, p/b, t/d—사이에 놓여 탈락되는 예로 stand here, just walk, empty, remind me, could just와 just make가 해당된다.

shared the에서 shared의 -ed 발음 [d]이 앞의 자음 r과 the의 th-의 발음 [ð]와 비슷하게 발음되기 때문에 앞의 [d]가 탈락되어 '셰어 더'에 가깝게 발음된다.

and the에서 and의 d와 the의 th-의 발음 [ð]가 발음이 비슷하기 때문에 앞의 d가 탈락되어 '앤 더'에 가깝게 발음된다. And that's도 마찬가지 경우이다.

just the에서 just의 t와 the의 th-의 발음 [ð]가 발음이 비슷하기 때문에 앞의 t가 탈락되어 '저스 더'에 가깝게 발음된다.

got to에서 got에서 t와 to의 t는 같은 철자로 겹쳐서 나오기 때문에 앞의 t가 탈락되어 '가 터'로 발음된다. There's so와 But to도 마찬가지 경우이다.

need to에서 need의 d와 to의 t는 최소쌍(mimal pair)으로 같은 위치에서 소리가 나기 때문에 앞의 d가 탈락되어 '니 터'로 발음된다.

3) 닮는 소리(동화)의 경우

let you

let you에서 let의 t[t]와 you의 y[j]가 합쳐져 서로 닮아서 [tʃ]로 바뀌어 '레츄'에가깝게 발음된다. 따라서 이런 현상은 영국영어(British English) 보다 미국영어(American English)에서 자주 나타나는 현상이다.

4) 줄어진 소리(축약)의 경우

You're, 'Cause, There's, that's, I've, I'll, It's

be 동사의 경우인 You're, There's, that's와 It's, have 동사의 경우인 I've, 도우미동사(조동사)의 경우인 I'll이 있다. 이 가운데 I'll에서 'll이 한국인이 발음하기에 가장 힘든 예이다. 그 이유는 'll은 will의 줄인 형태인데 'll'이 한국어에 없는 발음으로, 'l'은 혀를 입천장에 붙여서 소리를 내야 하는데, 한국어에는 이렇게 소리를 내는 것이 없기 때문이다.

'Cause는 Because의 줄어진 형태이다.

5) 주의해야 할 발음

can, **tr**ace, **Wh**en, **wh**at, **wh**y

can과 can't는 도우미동사로 기능낱말이기 때문에 약하게 발음한다. 그런데 can't 다음에 자음이 나오기 때문에 탈락되는 경우가 대부분이어서 can은 [kən]으로 can't는 [kæn]으로 발음하기로 약속이 되어 있다. 그런데 can이 문장 가운데 들어가는 경우가 [kən]으로 주로 발음되고 문장의 끝에 들어가는 경우에는 [kæn]으로 발음되는 경우가 대부분이다. can't는 기본적으로 [kæn]으로 발음되면서 can 보다 약간 길게 발음되는 경향이 있다.

trace에서 'tr~'의 발음은 '츠___'와 '추'의 중간쯤 되는 소리로 '츄'에 가깝게 발음된다. trace는 '트레이'라기 보다 '츄레이스'에 가깝게 발음된다.

When, what과 why에서 wh~로 시작되는 낱말은 'w'뒤에 있는 'h'의 소리가 보통 들리지 않는다. 그러니까 When은 '휀'이라기보다 '웬'에 가깝게, what은 '홧'이라기보다 '왓'에 가깝게, why는 '화이'라기 보다 '와이'에 가깝게 발음된다. 그러나 사람과 관련된 who, whose, whom은 예외로 'h'의 소리가 그대로 난다.

* 팝송에 들어 있는 쓸모 있는 영어 표현들

1. How can I just let you walk away: **let you walk**에서 주된 동사 let 다음에 목적어가 나오고 그 다음에 to 부정사가 오는 것이 일반적이다. 그런데 주된 동사 자리에 허락하거나 허용하는 동사 let의 경우 그 다음에 목적어(you)가 오고 그 다음에 to 부정사가 아닌 알몸동사(원형동사)(walk)가 온다. 바로 아래에 나오는 let you leave도 마찬가지 경우이다.

   walk away는 '(힘든 상황 · 관계를 외면하고) 떠나 버리다'라는 뜻으로 쓰인다.

   He **walked away** from his car.

   (그는 차에서 멀리 걸어갔다.)

He turned abruptly and walked away.

(그는 갑자기 몸을 돌려 걸어가 버렸다.)

He walked away without a backward glance.

(그는 뒤도 한 번 안 돌아보고 걸어가 버렸다.)

2. taking every breath with you: **take a breath**는 '숨을 쉬다'(=breathe)라는 뜻이다. take a breath는 자주[흔히] 쓰이는 동사 가운데 하나인 take+a(an)+명사가 되어 명사의 동사와 같은 뜻으로 쓰인다. 이런 경우 take와 같은 동사를 자주 쓰이는 동사(common verb)라고 일컫는다. 자주 쓰이는 동사로 take 이 외에 do, give, have, keep와 make가 있다. take a breath의 예문들은 다음과 같다.

Calm yourself and **take a** deep **breath**.

(마음을 진정하고 깊게 숨을 쉬세요.)

Her lips parted as if she were about to take a deep breath.

(깊은 숨을 들이쉬려는 것처럼 그녀의 입술이 벌어졌다.)

So how do these birds sing for 3 to 4 minutes without taking a breath?

(그러면 새들은 숨 쉬지 않고 어떻게 삼 내지 사 분 동안 노래를 할까요?)

3. You're the only one who really knew me at all: **at all**은 1) '전혀', 2) '조금도 (…아니다); 뭘요, 천만에(You're welcome)((사례의 인사를 받았을 때))'와 3) '어쨌든'이란 뜻으로 쓰인다. 이 노래에서는 3)의 뜻으로 쓰이고 있다.

1)의 예문들은 다음과 같다.

이 경우 대부분 부정문에서 쓰인다.

I didn't enjoy it **at all**.

(나는 그것이 전혀 즐겁지 않았다.)

She did not seem at all afraid.

(그녀는 전혀 두려워하는 것 같지 않았다.)

Without her care and concern, he had no chance at all.

(그녀의 보살핌과 관심 없이는 그에게 가망이 전혀 없었다.)

2)의 예문들은 다음과 같다.

이 경우 대부분 부정문에서 쓰인다.

I don't know him **at all**.

(그는 내가 생판 모르는 사람이다.)

"Thanks a lot." "Not at all."

("정말 고마워요." "별 말씀을요.")

He had not at all overrated Veronica's desirability.

(그는 베로니카의 매력을 조금도 과대평가하지 않았었다.)

3)의 예문들은 다음과 같다.

Do it well if you do it **at all**.

(어쨌든 자네가 할 바엔 잘해라.)

We'll only do it once—if at all.

(우리는 그것을 한 번만 할 것이다. 어쨌든 한다 하더라도.)

If you do anything at all, do something great.

(자네가 어차피 하려면 큰 일을 해라.)

4. When all I can do is watch you leave: **all**로 시작되는 문장에서 보어로 쓰이는 to 부정사는 to를 생략하여 알몸동사(원형동사)를 쓴다, 이 때 all은 '(~한) 오직 한 가지[전부]'라는 뜻이다. 여기서 all은 '어떤 것이 중요한 오직 한 가지'라는 것을 강조 할 때 절 앞에서 쓰인다. 예문들은 다음과 같다.

All we can do now is wait and hope.

(지금 우리가 할 수 있는 일은 희망을 갖고 기다리는 것뿐이다.)

All you have to do is tell me what I want to know.

(네가 할 일은 내가 알고 싶은 걸 나에게 말해주기만 하면 되는 거야.)

All you need to do is upload the files on to your web space.

(당신의 웹 공간에 파일들을 올려놓기만 하면 됩니다.)

watch you leave에서 주된 동사 watch 다음에 목적어가 오고 그 다음에 to 부정사가 오는 것이 일반적이다. 그런데 주된 동사 자리에 감각동사 watch이 경우 그 다음에 목적어(you)가 오고 그 다음에 to 부정사가 아닌 알몸동사(원형동사)(leave)가 온다. 이런 감각동사(지각동사)에는 see, watch, hear, listen to, feel와 notice가 있다.

5. So take a look at me: **take a look at**는 '...을[를] 보다'(=look at)라는 뜻이다. 같은 뜻으로 look at이 있다. take a look at은 자주[흔히] 쓰이는 동사 가운데 하나인 take+a(an)+명사가 되어 명사의 동사와 같은 뜻으로 쓰인다. 이런 경우 take와 같은 동사를 자주 쓰이는 동사(common verb)라고 일컫는다. 자주 쓰이는 동사로 take 이외에 do, give, have, keep와 make가 있다. take a look at의 예문들은 다음과 같다.

Take a look at these figures!
(이 수치들을 한번 봐요!)

Let's take a look at the damage.
(피해 상황을 살펴봅시다.)

Will you take a look at the house?
(당신은 그 집을 한 번 보시겠어요?)

6. against all the odds: **odds**는 1) '(어떤 일이 있을) 공산[가능성]', 2) '역경, 곤란'과 3) '(내기 도박에서) 배당률'이란 뜻으로 쓰인다. 보통 the odds로 쓰인다. 이 노래에서는 2)의 뜻으로 쓰이고 있다.

1)의 예문들은 다음과 같다.

The **odds** are that she'll win.
(그녀가 우승할 공산이 있다.)

The odds are heavily against him.
(그가 성공할 공산이 매우 낮다.)

The odds are very much in our favour.
(그가 성공할 공산이 아주 크다.)

2)의 예문들은 다음과 같다.

Against all (the) odds, he made a full recovery.
(모든 역경에도 불구하고 그는 완전히 회복했다.)

He's always at odds with his father over politics.

(그는 정치에 대해서는 자기 아버지와 항상 뜻이 안 맞는다.)

They secured a victory in the face of overwhelming odds.

(그들은 헤어나기 힘들 것 같은 역경에도 불구하고 승리를 손에 넣었다.)

3)의 예문들은 다음과 같다.

I'll lay **odds** on him getting the job.

(난 그가 그 직장에 취직이 된다는 것에 내기를 걸었다.)

They are offering long/short odds on the defending champion.

(그들이 방어전에 나선 챔피언에 대해 높은/낮은 배당률을 제시하고 있다.)

against all the odds와 **against all odds**는 '모든 역경에도 불구하고'(=in spite of great difficulties or problems; although it seemed impossible)라는 뜻으로 쓰인다. 예문들은 다음과 같다.

Against all (the) odds, he made a full recovery.

(모든 역경에도 불구하고 그는 완전히 회복했다.)

Against all the odds, we did produce some great music.

(모든 역경에도 불구하고, 우리는 어느 정도 훌륭한 음악을 만들어 냈다.)

Against all the odds, we managed to get through to the final.

(모든 역경에도 불구하고, 우리는 간신히 결승전에 진출했다.)

7. And that's what I've got to take: what은 의문대명사('무엇; 몇; 어떤, 무슨')와 관계대명사로 쓰인다. 여기서 **what**은 '(…한) 것[일], 어떤 것'이란 뜻으로 쓰이면서 앞에 놓이는 낱말(선행사)을 포함한 관계대명사(=the thing which 또는 that which)이다. 예문들은 다음과 같다.

Let me know **what** you need.

(필요한 것을 나에게 알려줘.)

Nobody knows what will happen next.

(다음의 무슨 일이 일어날지는 아무도 모른다.)

What you are doing is not in accord with what you have said.

(너의 행동은 네가 한 말과는 일치하지 않는다.)

8. I wish I could just make you turn around: **make you turn**에서 주된 동사 make 다음에 목적어가 오고 그 다음에 to 부정사가 오는 것이 일반적이다. 그런데 주된 동사 자리에 시키는 동사 make의 경우 그 다음에 목적어(you)가 오고 그 다음에 to 부정사가 아닌 알몸동사(원형동사)(turn)가 온다. 이런 시키는 동사에는 make 이외에 have가 있다.

turn around는 1) '돌아서다[몸을 돌리다]/~을 돌리다[돌려 세우다]', 2) '회전하다[시키다]'와 3) '(경기 · 경제 등이[을]) 호전되다[호전시키다]'라는 뜻으로 쓰인다. 이 노래에서는 1)의 뜻으로 쓰이고 있다.

1)의 예문들은 다음과 같다.

Can you just **turn around**, please?
(당신이 뒤로 돌아서 주시겠습니까?)

I wish I could just make you turn around.
(내가 당신을 돌아서게 할 수만 있다면.)

Turn around and let me look at your back.
(내가 네 등을 볼 수 있게 돌아서 봐.)

2)의 예문들은 다음과 같다.

The earth **turns around** the sun.
(지구는 태양의 둘레를 돈다.)

We were turning around in circles.
(우리는 원을 그리며 회전하고 있었다.)

The earth turns around on its axis.
(지구는 축에서 회전한다.)

3)의 예문들은 다음과 같다.

All of a sudden our lives are **turned around**.
(갑자기 우리의 삶이 호전되었다.)

But I'm confident that it'll turn around soon.)
(하지만, 나는 곧 호전될 것이라고 확신합니다.)

The economy will turn around sooner or later.

(조만간 경기가 회복될 것이다.)

9. Turn around and see me cry: **see me cry**에서 주된 동사(주동사) see 다음에 목적어가 오고 그 다음에 to 부정사가 오는 것이 일반적이다. 그런데 주된 동사 자리에 감각동사(지각동사) see의 경우 그 다음에 목적어(me)가 오고 그 다음에 to 부정사가 아닌 알몸동사(원형동사)(cry)가 온다. 이런 시키는 동사에는 see 이 외에 watch, hear, listen, feel과 notice가 있다.

10. But to wait for you: **wait for**는 '~를[을] 기다리다'라는 뜻으로 쓰인다. 예문들은 다음과 같다.

Wait for the game to load.

(그 게임이 로딩될 때까지 기다려.)

You don't need to wait for me.

(자네가 나를 위해 기다릴 필요는 없어.)

I walk to a street corner and wait for the school bus.

(나는 거리 모퉁이로 걸어가서 학교 버스를 기다린다.)

기억할 만한 영어 문장

1. There's so much I need to say to you.
   (난 당신께 해줄 말이 너무 많아요.)
2. There's nothing left here to remind me.
   (당신을 떠올릴 기억이라고는 나에게 남아있는 것이 아무것도 없어요.)
3. You're the only one who really knew me at all.
   (당신은 나의 모든 것을 정말로 이해했던 유일한 사람이에요.)

* 팝송 에세이

이 노래는 사랑의 이별을 아쉬워하는 곡이다. 그대는 나를 알고 있었던 유일한 사람이기 때문에 그대가 떠나가는 것을 그냥 내버려 둘 수 없다. 지금으로서는 그대가 떠나갈 때의 모습을 가만히 바라볼 수밖에 없는 입장이지만 그래도 아쉬움은 남는다. 그 이유는 그대와 웃음과 고통 그리고 눈물마저 함께 나누었던 대상이었기 때문이다. 지금은 날 쳐다봐 주길 바라고 텅 빈 자신의 가슴을 채워줄 수 있는 사람이 그대뿐이라는 사실만이 남아 있고, 오직 그대가 되돌아오는 길만이 내가 어려움을 극복하는 유일한 길이라며 자신의 간절한 마음을 드러내 보인다.

이별이 더 아쉬운 것은 서로 이해하는 과정을 거치더라도 서로를 제대로 이해하는 것이 싶지 않은 것이 사랑하는 과정에 일어난다. 그런데 떠나가는 "당신은 나의 모든 것을 정말로 이해했던 유일한 사람이에요"에서 알 수 있듯이 자신을 이해할 수 있는 유일한 사람이라는 확신이 섰기 때문에 그 이별이 더 아쉬운 것이다. 그래서 이제 사랑하는 사람이 떠나버린 지금은 "단지 텅 빈 공간만"남아 있는 공허감을 느끼게 되는 것이다. 사랑이란 자기 자신과 다른 사람의 영적인 성장을 위해 자아를 확장하려는 의지인데, 이별 이후에는 또 다시 그런 기회가 주어질 확률은 높지 않기 때문이다.

만남은 이별과 더불어 시작한다고 볼 수 있다. 만나서 관계가 지속적으로 이어질 것이라는 기대감이 틀린 것은 아니지만 만남과 이별은 손등과 손바닥과의 관계처럼 마주 붙어 있는 것이다. 그래서 만남 그 자체가 이별을 전제하는 것은 아니지만 이별할 수 있다는 가능성을 항상 열어두는 것이 마음의 고통을 적게 받고 상처를 덜 입게 될 것이다. 그렇지만 만남은 상호 이해와 책임감을 갖고 최선을 다해 이루어져야 할 것이다. 두 사람의 만남은 인격체로서의 두 세계가 만나는 것이기 때문에 만난 후 새로운 세계를 만들어가는 과정에 최선을 다할 필요가 있다.

Saving All My Love For You

Sung by Whitney Houston

A few stolen moments is all that we share
You've got your family and they need you there
Though I've tried to resist being last on your list
But no other man's gonna do
So I'm saving all my love for you

It's not very easy living all alone
My friends try and tell me find a man of my own
But each time I try I just break down and cry
'Cause I'd rather be home feeling blue
So I'm saving all my love for you

You used to tell me we'd run away together
Love gives you the right to be free
You said be patient just wait a little longer
But that's just an old fantasy

I've got to get ready just a few minutes more
Gonna get that old feeling when you walk through that door
'Cause tonight is the night for I feeling all right
We'll be making love the whole night through
So I'm saving all my love
Yes I'm saving all my love
Yes I'm saving all my love for you

No other woman is gonna love you more
'Cause tonight is the night that I feeling all right
We'll be making love the whole night through
So I'm saving all my love
Yes I'm saving all my lovin'
Yes I'm saving all my love for you, for you

당신을 위해 나의 모든 사랑을 아껴두려 해요

휘트니 휴스턴의 노래

몇몇 은밀한 순간들은 전부 우리가 공유했던 것들이야
넌 너의 가족을 가졌고 그들은 네가 거기에 있었으면 했어
비록 내가 네 리스트의 마지막이 되려고 노력했다 해도
하지만 어떤 남자도 그걸 할 순 없을 거야
그래서 난 너에 대한 내 사랑 전부를 아껴두고 있어

혼자서 산다는 게 아주 쉬운 일은 아니야
내 친구들은 나에게 내 남자를 찾아보라고 말하지
하지만 매번 내가 시도할 때마다 난 부서지고 울게 됐어
왜냐하면 난 집에서 우울한 느낌으로 있는 게 더 낫다고 생각했으니까
그래서 난 너에 대한 내 사랑 전부를 아껴뒀어

넌 내게 우리가 함께 도망가야 한다고 말하곤 했어
사랑은 자유로워지는 권리를 주는 거지
넌 말했지. 인내심을 가지라고 했어. 그저 조금만 더 기다려보라고
하지만 그건 오래된 판타지일 뿐이야

난 몇 분 더 준비가 됐어야만 했어
네가 그 문을 통해 걸어 들어왔을 때 그 오래된 감정을 느낄 거야
왜냐하면 오늘 밤은 모든 것이 괜찮다고 느끼는 밤이니까
우린 밤새도록 사랑을 나눌 거야
그래서 난 내 사랑 전부를 아껴뒀어
그래 난 내 사랑 전부를 아껴뒀어
그래 난 너에 대한 내 사랑 전부를 아껴뒀어

어떤 다른 여자도 널 더 이상 사랑할 순 없을 거야
왜냐하면 오늘 밤은 모든 것이 괜찮다고 느끼는 밤이니까
우린 밤새도록 사랑을 나눌 거야
그래서 난 내 사랑 전부를 아껴뒀어
그래 난 내 사랑 전부를 아껴뒀어
그래 난 너에 대한 내 사랑 전부를 아껴뒀어

* 영어 발음 제대로 듣거나 말하기

1) 이어지는 소리(연음)의 경우

(1) 약모음 이동

all alone, find a, run away, wait a, just a

all alone에서 alone의 a가 약모음 [ə]가 되어 앞 낱말 끝부분에 가서 붙어 '올러론'으로 발음된다. find a에서 a가 약모음 [ə]가 되어 앞 낱말 끝부분에 가서 붙어 '화인더'에 가깝게 발음된다. wait a와 just a도 마찬가지 경우이다. run away에서 away의 a가 약모음 [ə]가 되어 앞 낱말 끝부분에 가서 붙어 '러너웨이'로 발음된다.

(2) 자음 이동

is all, just an

is all에서 is의 자음 s가 뒤에 있는 낱말 앞부분에 가서 붙어 '이 졸'로 발음된다. just an에서 just의 자음 t가 뒤에 있는 낱말 앞부분에 가서 붙어 '저스 턴'으로 발음된다.

2) 없어지는 소리(탈락)의 경우

moments, and they, tried to, friends, and tell, just break, and cry, just wait, got to, get that, night through

moments에서 moments의 t는 자음 n과 자음 s 사이에 놓이기 때문에 탈락되어 '모우 먼스'로 발음된다. 이와 같이 자음과 자음 사이에 놓이는 여섯 개의 파열음인 철자—k/g, p/b, t/d—사이에 놓여 탈락되는 예로 friends, just break, and cry, just wait와 night through가 해당된다.

and they에서 and의 d와 they의 th- 발음 [ð]와 발음이 비슷하기 때문에 앞의 d가 탈락되어 '앤 데이'에 가깝게 발음된다.

tried to에서 tried의 -ed 발음 [d]와 to의 t는 같은 위치에서 소리가 나기 때문에 탈락되어 '츄라이 터'로 발음된다.

and tell에서 and의 d와 tell의 t는 최소쌍(minimal pair)로 같은 위치에서 소리가 나기 때문에 탈락되어 '앤 텔'로 발음된다.

got to에서 got의 t와 to의 t는 같은 철자로 겹쳐서 나오기 때문에 앞의 t가 탈락되어 '가 터'로 발음된다.

get that에서 get의 t와 that의 th- 발음 [ð]이 비슷하기 때문에 앞의 t가 탈락되어 '겟 댓'에 가깝게 발음된다.

3) 닮는 소리(동화)의 경우

got your, need you, little

got your에서 got의 t와 your의 y[j]가 합쳐져 서로 닮아서 [tʃ]로 바뀌어 '가츄어'에 가깝게 발음된다. 따라서 이런 현상은 영국영어(British English) 보다 미국영어(American English)에서 자주 나타나는 현상이다.

need you에서 need의 d[d]와 you의 y[j]가 합쳐져 서로 닮아서 [ʤ]로 바뀌어 '니 쥬'에 가깝게 발음된다. 따라서 이런 현상은 영국영어(British English) 보다 미국영어(American English)에서 자주 나타나는 현상이다.

little에서 t(t)가 강모음과 약모음 사이에 놓이면 단타음(單打音)으로 되어 t도, d도, r도 아닌 발음이 된다. little은 '리럴'에 가깝게 발음된다. 이 소리는 한글로 정확하게 표기할 수 없으며 오직 소리로만 익힐 수밖에 없다. 특히 미국영어(American English)에서 두드러진 현상이다.

4) 줄어드는 소리(축약)의 경우

You've, I've, man's, I'm, It's, 'Cause, I'd, we'd, that's, we'll

have 동사의 경우인 You've, I've, be 동사의 경우인 man's, I'm, It's와 hat's, 도우미

동사(조동사)의 경우인 we'**d**와 we'**ll**이 있다. 이 가운데 we'**ll**에서 'll이 한국인이 발음하기에 가장 힘든 예이다. 그 이유는 'll은 will의 줄인 형태인데 'll'이 한국어에 없는 발음으로, 'l'은 혀를 입천장에 붙여서 소리를 내야 하는데, 한국어에는 이렇게 소리를 내는 것이 없기 때문이다.

'Cause는 Because의 줄어진 형태이다.

5) 주의해야 할 발음

tried, **gonna**, **try**, **used to**, **wh**en

tried와 **tr**y에서 'tr~'의 발음은 '츠__'와 '추'의 중간쯤 되는 소리로 '츄'에 가깝게 발음된다. tried는 '트라이드'라기 보다 '츄라이드'에 가깝게, try는 '트라이'라기 보다 '츄라이'에 가깝게 발음된다.

gonna는 허물없이 발음하는 경우의 예이다. gonna는 going to인데 입말체에서 '고잉 투'로 발음하지 않고 '가너'또는 '고너'로 발음하고, goingt to로 표기가 되어 있더라고 말을 할 때는 gonna로 발음하는 경우가 많다. going to에서 gonna로 바뀌는 과정은 '팝송영어 소리를 제대로 듣는 요령'에 나와 있는 설명을 참고하기 바란다.

used to는 '~하곤 했다'라는 뜻으로 [justə]로 발음된다.

when에서 wh~로 시작되는 낱말은 'w'뒤에 있는 'h'의 소리가 보통 들리지 않는다. 그러니까 when은 '휀'이라기 보다 '웬'에 가깝게 발음된다. 그러나 사람과 관련된 who, whose, whom은 예외로 'h'의 소리가 그대로 난다.

* 팝송에 들어 있는 쓸모 있는 영어 표현들

1. A few stolen moments is all that we share: **stolen**은 '훔친, 은밀한'이란 뜻으로 쓰인다. stolen moments는 '은밀한 순간들'로서 잠깐 잠깐 은밀하게 이루어진 만남으로 이해하면 될 것이다.

관계대명사 앞에 놓이는 것(선행사)이 **all**인 경우에는 관계대명사 that만 쓰인다. 이 경우 all의 뜻은 '(…한) 오직 한 가지[전부]'라는 뜻이다. 그런데 that가 주격으로 쓰일 때는 생략할 수 없지만 목적격으로 쓰일 때는 생략할 수 있다. 예문들은 다음과 같다.

I will do **all** that is required of me.

(제게 요구되는 일은 다 하겠습니다.)

The doctors did all that was humanly possible.

(그 의사들은 인간의 능력으로 할 수 있는 모든 일을 다 했다.)

He said all that remained was to agree to a time and venue.

(그는 이제 시간과 장소만 정하면 된다고 말했다.)

2. Though I've tried to resist being last on your list: on the list는 '명부[표]에 실려서, 명단에, 목록에'라는 뜻이다. **on your list**는 '당신의 명단에'라는 뜻이다.

resist는 1) '(어떤 일을 받아들이지 않고) 저항[반대]하다', 2) '(공격 등에) 저항하다[항거하다]', 3) '(해·손상 등에) 굴하지 않다[강하다/잘 견디다]'와 4) '(몹시 하고 싶은 것을 하지 않고) 참다[견디다]'라는 뜻으로 쓰인다. 이 노래에서는 1)의 뜻으로 쓰이고 있다.

3. I've not very easy living all alone: **all alone**은 '홀로; 혼자서, 남의 도움 없이'라는 뜻으로 쓰인다. live all alone은 '고독한 생활을 하다'라는 뜻이다. 예문들은 다음과 같다.

Carol felt **all alone** in the world.

(캐롤은 세상에 저 혼자뿐인 것처럼 외로웠다.)

She was sitting all alone in the hall.

(그녀는 홀에 아무도 없이 혼자 앉아 있었다.)

It upsets me to think of her all alone in that big house.

(그녀가 그 큰 집에 아무도 없이 혼자 있다는 생각을 하면 내 마음이 안 좋다.)

4. 'Cause I'd rather be home feeling blue: **'d rather(=would rather)**는 '(…하기보다는 차라리) …하겠다[하고 싶다]'라는 뜻으로 쓰인다. would rather를 had better/best(' (~하는 것이) 좋을 것이다(꼭 그래야 함을 뜻함)'와 혼동하여 쓰는 경우가 많은데 would rather는 주로 선택을 해야 하는 상황에서 쓰이고, had better는 충고나 조언을 하는 상황에서 주로 쓰인다. would rather나 had better는 도우미동사(조동사)를 대신한다. 예문들은 다음과 같다.

I **would rather** take a taxi than take the bus.
(버스를 타고 가느니 차라리 택시를 타겠다.)

I personally would rather roast a chicken whole.
(나 같으면 닭을 통째로 굽겠다.)

I would rather invest time in Rebecca than in the kitchen.
(나는 부엌보다 레베카를 위해 시간을 쓰겠다.)

You **had better** go to bed early.
(너는 일찍 자는 게 좋겠다.)

You had better see a doctor at once.
(넌 곧 병원에 가 보는 게 좋다.)

It's half past two. I think we had better go home.
(이제 두 시 반이다. 나는 집에 가는 것이 좋을 것 같다.)

feel blue는 '기분이 울적하다'라는 뜻이다. 예문들은 다음과 같다.

He'd been **feeling blue** all week.
(그는 일주일 내내 기분이 우울한 참이었다.)

Many people feel blue in the winter.
(겨울에 많은 사람들은 우울해 합니다.)

There's no earthly reason for me to feel so blue.
(내가 이렇게 우울할 이유가 전혀 없다.)

5. we'd run away together: **run away**는 '(~에서) 달아나다, 도망치다, 탈주하다; 떠나다'라는 뜻이다. 'd는 would의 줄인 말로 would의 여러 가지 뜻 가운데 '…이기를[하기를] 바라다'라는 뜻으로 쓰이고 있다.

6. But that's just an old fantasy: **fantasy**는 '상상[공상]의 산물'이란 뜻이다.

7. I've got to get ready just a few minutes more: I've got에서 **have got**은 have와 같은 '가지고 있다, 소유하다'라는 뜻이다. 단지 have got은 영국영어(British English)이다.

get ready는 '(…을 위해) 준비를 하다, (…에 대한) 준비를 하다'라는 뜻이다. 예문들은 다음과 같다.

She must help him **get ready** to go out.
(그녀는 그의 외출 준비를 거들어 주어야 한다.)

It took her a long time to get ready for church.
(그녀가 교회 갈 준비를 하는 데 오랜 시간이 걸렸다.)

We were all running around trying to get ready in time.
(우리는 시간 맞춰 준비를 하느라 온통 이리저리 뛰어 다니던 중이었다.)

8. We'll be making love the whole night through: **make love**는 '섹스[성관계]를 하다, (…와) 성교하다'(=have intercourse)라는 뜻으로 쓰인다.

기억할 만한 영어 문장

1. A stolen moments is all
(은밀한 순간들은 전부 우리가 공유했던 것들이다.)
2. I'm saving all my love for you.
(난 너에 대한 내 사랑 전부를 아껴두고 있어.)
3. It's not very easy living all alone.
(혼자서 산다는 게 아주 쉬운 일은 아니야.)

* 팝송 에세이

이 노래는 한 여인이 앞으로도 변함이 없이 사랑하는 사람을 향한 사랑의 감정을 갖고 그대만을 사랑하겠다는 맹세를 담은 곡이다. 그렇지만 현실적으로 이루어지기 힘든 사랑을 하고 있음이 노랫말을 통해 알 수 있다. "내 친구들은 나에게 내 남자를 찾아보라고 말하지"라며 권유를 하지만 그것 역시 그녀에게 곧이곧대로 들리지 않고, "넌 내게 우리가 함께 도망가야 한다고 말하곤 했어"라고 말을 했지만 그건 안타까운 마음에서 하는 말일 뿐, 현실적으로 불가능한 일이라는 것을 두 사람 다 알고 있다. 이 노래는 비록 다른 사람의 남편이요, 가장일지라도 그에 상관이 없이 자신의 사랑은 지금처럼 앞으로도 그대 한 사람을 위해서만 존재할 것이라고 말한다. 밀회를 통해 나누는 사랑이 아닌, 당당하게 다른 사람들 앞에 두 사람의 사랑을 내보일 수 있게 되는 미래의 그 어느 날을 위해서, 그대를 향한 사랑은 고이 간직해 두겠다는 뜻을 담고 있다. 이 세상에서 그대를 향한 건 자신뿐이며, 최고의 사랑을 쏟을 수 있는 사람 또한 자신뿐이라고 장담하고 있는 것이다.

가정이 있는 사람을 사랑하면서 혼자 살아간다는 것은 쉽지만은 않다고 말하는 그녀의 마음은 외롭고 힘든 시간들로 가득 차 있으며, "우린 밤새도록 사랑을 나눌 거야 / 그래서 난 내 사랑 전부를 아껴뒀어 / 그래 난 내 사랑 전부를 아껴뒀어 / 그래 난 너에 대한 내 사랑 전부를 아껴뒀어"라고 외쳐보지만 그녀는 그런 마음은 오로지 위로받고 싶은 보상 심리로 가늘게 떨고 있음을 조용히 느낄 수 있다.

사랑은 사랑할 때가 소중하고 가치가 있는 것이다. "몇몇 은밀한 순간들을 전부 우리가 공유했던 것들이야"에서 알 수 있듯이 함께 했던 그 시간들의 가치를 그대로 존중하면서 새로운 상황이 발생했을 때는 새로운 상황에 현명하게 대처하는 것이 바람직할 것이다. 또 다시 만날 수 없게 된 상황에서는 아쉬움을 뒤로 한 채 서로에게 부담을 주지 않으면서 더 이상 붙잡지 않고 더 이상 부담을 주지 않고 놓아주는 마음은 아름답게 비쳐질 것이다. 붙든다고 붙잡을 수 있는 상황이 아니라면 멋지게 사랑하는 사람의 행복을 빌어주면서 두 날개로 훨훨 날아갈 수 있게 보내주는 것이 아름다운 추억을 언제까지나 간직할 수 있는 최선의 방식일 것이다.

Falling For You

Sung by Ellie Goulding

Fire and ice
This love is like fire and ice
This love is like rain and blue skies
This love is like sun on the rise
This love got me rolling the dice
Don't let me lose
Still falling for you
Still falling for you

Beautiful mind
Your heart got a story with mine
Your heart got me hurting at times
Your heart gave me new kind of highs
Your heart got me feeling so fine
So what to do
Still falling for you
Still falling for you

It took us a while
With every breath a new day
With love on the line
We've had our share of mistakes
But all your flaws and scars are mine
Still falling for you
Still falling for you

And just like that
All I breathe
All I feel
You are all for me

I'm in
And just like that
All I breathe
All I feel
You are all for me
No one can lift me, catch me the way that you do
Still falling for you

Brighter than gold
This love shining brighter than gold
This love is like letters in bold
This love is like out of control
This love is never growing old
You make it new
Still falling for you
Still falling for you

It took us a while
Because we were young and unsure
With love on the line
What if we both would need more
But all your flaws and scars are mine
Still falling for you
Still falling for you

And just like that
All I breathe
All I feel
You are all for me
I'm in
And just like that
All I breathe
All I feel
You are all for me
No one can lift me, catch me the way that you do
Still falling for you

Falling, crash into my arms
Love you like this
Like a first kiss
Never let go
Falling, crash into my arms
Never breaking what we got
Still falling for you
Still falling for...

And just like that
All I breathe
All I feel
You are all for me
I'm in
And just like that
All I breathe
All I feel
You are all for me
All for me

And just like that
All I feel is you
All I feel is you
You are all for me
I'm still falling...
And just like that
All I feel is you
All I feel is you
You are all for me
No one can lift me, catch me the way that you do
Still falling for you

너에게 빠져있는데

엘리 구울딩의 노래

얼음과 불같아
이 사랑은 얼음과 불같아
이 사랑은 비와 파란 하늘과 같기도 하고
이 사랑은 떠오르는 태양 같기도 해
이 사랑은 날 주사위를 던지게 해
내가 널 놓치지 않게 해줘
난 아직도 너에게 빠져있으니까
난 아직도 너에게 빠져있으니까

아름다운 마음
네 마음은 나와의 이야기를 갖고 있었고
네 마음은 가끔 나에게 상처를 줄 때도 있었지만
네 마음은 새로운 방식으로 날 기분 좋게 만들어주기도 했지
네 마음은 날 기분 좋게 해 주었지
그러면 뭘 해야 할까
난 아직도 너에게 빠져있으니까
난 아직도 너에게 빠져있으니까

우린 시간이 좀 걸렸지
하루하루 숨쉬며
이 위태로운 사랑으로
우리 각자 잘못한 부분들이 있지만
너의 결점과 마음의 상처들은 다 내가 짊어질 거야
난 아직도 너에게 빠져있으니까
난 아직도 너에게 빠져있으니까

그냥 그렇게
내가 들이마시는 모든 것
내가 느끼는 모든 것
넌 나에게 전부야
그냥 그렇게
내가 들이마시는 모든 것
내가 느끼는 모든 것
넌 나에게 전부야
아무도 날 들어 올릴 수 없어, 네가 원래 하던 방식대로 날 잡아봐
난 아직도 너에게 빠져있으니까
아직도 빠져 있으니까...

금보다 더 빛나고
이 사랑은 금보다 더 밝게 빛나고
이 사랑은 굵게 강조된 글자 같고
이 사랑은 자제하기 힘들 것 같고
이 사랑은 결코 늙지 않는 것이야
넌 항상 사랑을 새롭게 만들어
난 아직도 너에게 빠져있으니까

시간이 조금 걸렸어
우린 어리기도 했고 확신이 없기도 했었기 때문이지
이 위태로운 사랑으로
만약 우리 둘 다 더 욕심을 부렸다면 어땠을까
하지만 너의 결점과 마음의 상처들은 다 내가 짊어질 거야
난 아직도 너에게 빠져있으니까
난 아직도 너에게 빠져있으니까

그냥 그렇게
내가 들이마시는 모든 것
내가 느끼는 모든 것
넌 나에게 전부야
그냥 그렇게
내가 들이마시는 모든 것
내가 느끼는 모든 것
넌 나에게 전부야
아무도 날 들어 올릴 수 없어, 네가 원래 하던 방식대로 날 잡아봐
난 아직도 너에게 빠져있으니까

내 품에 쿵 부딪치며 안겨서
널 이렇게 널 사랑할거야
첫 입맞춤처럼
절대 놓치지 않을 거야
내 품에 쿵 부딪치며 안겨서
우리가 가진 걸 절대 망치지 않을 거야
난 아직도 너에게 빠져있으니까
아직도 빠져 있으니까...

그냥 그렇게
내가 들이마시는 모든 것
내가 느끼는 모든 것
넌 나에게 전부야
그냥 그렇게

내가 들이마시는 모든 것
내가 느끼는 모든 것
넌 나에게 전부야

그냥 그렇게
내가 들이마시는 모든 것
내가 느끼는 모든 것
넌 나에게 전부야
그냥 그렇게
내가 들이마시는 모든 것
내가 느끼는 모든 것
넌 나에게 전부야
아무도 날 들어 올릴 수 없어, 네가 원래 하던 방식대로 날 잡아봐
난 아직도 너에게 빠져있으니까

* 영어 발음 제대로 듣거나 말하기

1) 이어지는 소리(연음)의 경우

(1) 약모음 이동

got **a**, us **a**, breath **a**, Like **a**

got **a**에서 a가 약모음 [ə]가 되어 앞 낱말 끝부분에 가서 붙어 '가러'에 가깝게 발음된다. us a, breath a와 Like a도 마찬가지 경우이다.

(2) 자음 이동

kind **of**, had **our**, share **of**, scars **are**, All **I**, I'm **in**, letters **in**, make **it**, Love **you**

kind **of**에서 kind의 자음 d가 뒤에 있는 낱말 앞부분에 가서 붙어 '카인 더브'로 발음된다. kind of는 d가 앞의 콧소리 n을 닮아 n으로 바뀐 후 앞의 n이 탈락되어 '카이 너브'로 발음되기도 한다. of는 기능어로 약하게 발음되기 때문에 [əv] 또는 [ə]로 발음된다. share of도 마찬가지 경우이다. had **our**에서 had의 자음 d가 뒤에 있는 낱말 앞부분에 가서 붙어 '해 다우어'로 발음된다. scars **are**에서 scars의 자음 s가 뒤에 있는 낱말 앞부분에 가서 붙어 '스카 자'로 발음된다. All **I**에서 All의 자음 ll이 뒤에 있는 낱말 앞부분에 가서 붙어 '오 라이'로 발음된다. I'm **in**에서 I'm의 자음 m이 뒤에 있는 낱말 앞부분에 가서 붙어 '아이 민'으로 발음된다. letters in도 마찬가지 경우이다. make **it**에서 make의 자음 k가 뒤에 있는 낱말앞부분에 가서 붙어 '메이 킷'으로 발음된다. make의 끝에 있는 모음 e는 약모음이기 때문에 약하게 발음되어 무시해도 될 정도이다. Love **you**에서 Love의 자음 v가 뒤에 있는 낱말 앞부분에 가서 붙어 '러 뷰'로 발음된다. Love의 끝에 있는 e도 make의 끝에 있는 모음 e와 같이 약모음이기 때문에 약하게 발음되어 무시해도 될 정도이다.

2) 없어지는 소리(탈락)의 경우

Don't let, heart got, heart gave, what to, and scars, And just, just like, lift me, would need, first kiss

Don't let에서 Don't의 t는 자음 n과 let의 자음 l 사이에 놓이기 때문에 탈락되어 '돈 렛'으로 발음된다. 이와 같이 자음과 자음 사이에 놓이는 여섯 개의 파열음인 철자—k/g, p/b, t/d—사이에 놓여 탈락되는 예로 heart got, heart gave, and scars, And just, just like, lift me, would need와 first kiss가 해당된다.

what to에서 what의 t와 to의 t는 같은 철자로 겹쳐서 나오기 때문에 앞의 t가 탈락되어 '와 터'로 발음된다.

3) 닮는 소리(동화)의 경우

let me, Beautiful, got a, hurting, But all, Brighter, letters, out of, What if

let me에서 let의 t는 바로 뒤에 나온 me의 m을 닮아 t가 m으로 바뀌어 lemme로 표기하기도 하지만, 발음은 대부분 '레미'로 발음된다.

Beautiful에서 t가 강모음과 약모음 사이에 놓이면 단타음(單打音)으로 되어 t도, d도, r도 아닌 발음이 된다. Beautiful은 '비유리훌'에 가깝게 발음된다. 이 소리는 한글로 정확하게 표기할 수 없으며 오직 소리로만 익힐 수밖에 없다. 특히 미국영어(American English)에서 두드러진 현상이다. got a, hurting, But all, Brighter, letters, out of와 What if도 마찬가지 경우이다.

4) 줄어진 소리(축약)의 경우

We've, I'm

have 동사의 경우인 We've와 be 동사의 경우인 I'm이 있다.

5) 주의해야 할 발음

skies, what, while, control

skies에서 s+k/p/t가 되면 된소리에 가깝게 소리가 난다. 대부분 k/p/t가 들어간 낱말은 h가 들어가는 소리를 내게 되는데, s+k/p/t의 경우는 h 소리가 들어가지 않고 된소리에 가깝게 발음된다. 그러니까 skies는 '스카이즈'라기 보다 '스까이즈'에 가깝게 발음된다.

what과 while에서 wh~로 시작되는 낱말은 'w'뒤에 있는 'h'의 소리가 보통 들리지 않는다. 그러니까 what은 '홧'이라기 보다 '왓'에 가깝게, while은 '화일'이라기보다 '와일'에 가깝게 발음된다. 그러나 사람과 관련된 who, whose, whom은 예외로 'h'의 소리가 그대로 난다.

control에서 'tr~'의 발음은 '츠___'와 '추'의 중간쯤 되는 소리로 '츄'에 가깝게 발음 된다. control은 '컨트롤'이라기 보다 '컨쵸롤'에 가깝게 발음된다.

* 팝송에 들어 있는 쓸모 있는 영어 표현들

1. This love is like sun on the rise: **on the rise**는 1) '(물가 따위가) 올라, 오름세에', 2) '증가하는, 늘어나는'과 3) '(위로) 오르는, 상승하는'이란 뜻으로 쓰인다. 주로 be on the rise의 형태로 쓰인다. 이 노래에서는 3)의 뜻으로 쓰인다. 그런데 on the rise가 3)의 경우로는 실제로 거의 쓰이지 않는다. '해가 뜨고 있다'라는 영어 표현은 The sun is rising.으로 표현된다.

   1)의 예문들은 다음과 같다.

   Stock prices are **on the rise** again.
   (주가가 오름세로 돌아섰다.)

   Value of the won has been on the rise.
   (원화 가치가 상승세에 있다.)

   Asian countries' currency values are on the rise.
   (아시아 국가들의 통화 가치가 상승하고 있다.)

2)의 예문들은 다음과 같다.

Interest in airships is **on the rise**.

(비행선에 대한 관심이 증가하고 있다.)

Regrettably, back pain is on the rise.

(애석하게도, 요통은 증가하고 있다.)

The occurrence of crime in this area is on the rise.

(이 지역의 범죄 발생율이 증가하고 있다.)

2. This love got me rolling the dice: **roll the dice**는 '주사위를 던지다[굴리다]'라는 뜻이다.

3. Don't let me lose: **let me lose**에서 주된 동사(주동사) 다음에 목적어가 오고 그 뒤에는 to 부정사가 오는 것이 일반적이다. 그런데 허락이나 허용을 하는 동사 let 다음에 목적어(me)가 온 다음에는 to 부정사에서 to가 생략된 알몸동사(원형동사)(lose)가 온다.

4. Still falling for you: **fall for**는 1) '~에 속아 넘어가다, …에 속다, …에 사기당하다; …에 홀리다'와 2) '~에게 홀딱 반하다[빠지다]'라는 뜻으로 쓰인다. 이 노래에서는 2)의 뜻으로 쓰이고 있다.

1)의 예문들은 다음과 같다.

I won't **fall for** such a trick.

(나는 그런 수작에는 안 넘어간다.)

I'm surprised you fell for that trick.

(네가 그 속임수에 속아 넘어가다니 놀라워.)

You're too intelligent to fall for his flattery.

(너는 아주 이지적이니 그의 아첨에 넘어가진 않을 거야.)

2)의 예문들은 다음과 같다.

Don't **fall for** a guy at work.

(직장 동료와 사랑에 빠지지 마라.)

They fell for each other instantly.

(그들은 즉시 서로에게 홀딱 빠졌다.)

How do you get a guy to fall for you?

(어떻게 남자애들이 너한테 빠지게 하는 거야?)

5. Your heart got me hurting at times: **at times**는 '가끔은[때로는]'라는 뜻이다. 예문들은 다음과 같다.

Their pranks are amusing **at times**.

(그들의 장난은 때로는 재미있다.)

At times, the heat was barely tolerable.

(때로는 더위가 참기 힘들 정도였다.)

At times the arrogance of those in power is quite blatant.

(권력을 잡은 자들의 거만함은 때론 너무 노골적이다.)

6. With love on the line: **on the line**은 글자 그대로 '선[줄/경계선] 위에'라는 뜻이다 이것의 비유적인 의미는 2) '위태로운, 위험에 처한'과 3) '전화 통화중인, 전화가 연결된 상태인'이란 뜻으로 쓰인다. 이 노래에서는 2)의 뜻으로 쓰이고 있다.

1)의 예문들은 다음과 같다.

She put her washing **on the line**.

(그녀는 빨랫줄에 세탁물을 널었다.)

He hung the towels out on the line.

(그는 수건들을 빨랫줄에 내다 널었다.)

There was an echo on the line and I couldn't hear clearly.

(전화 회선에 소리가 울려서 똑똑히 들을 수가 없었다.)

2)의 예문들은 다음과 같다.

Due to the recession, my job is **on the line**.

(경기침체로 직장이 위태로워.)

If we don't make a profit, my job is on the line.

(우리가 이익을 낳지 못하면 내 (일)자리가 위태로워.)

She put her balls on the line prior to the debate.

(그녀는 중요한 토론을 앞두고 몸을 위험에 드러냈다.)

3)의 예문들은 다음과 같다.

There's someone **on the line** now.

(지금 누군가 전화를 쓰고 있어요.)

He's on the line now, just a moment?

(그가 다른 전화를 받고 있습니다. 기다려 주시겠습니까?)

I didn't realize someone was on the line.

(누가 전화를 쓰는 줄 몰랐어요.)

7. We've had our share of mistakes: **share**는 동사로 '함께 쓰다, 공유하다, 나누다[나눠갖다], 나눠 주다, 공유하다, 함께 나누다'라는 뜻으로 자주 쓰인다. share는 명사로 '몫, 지분, 공유'과 '주, 주식'이란 뜻으로 쓰인다. 이 노래에서는 명사로 '몫, 공유'란 뜻으로 쓰인다. 그러니까 두 사람이 실수를 공유해 왔으니 실수에 대한 책임을 함께 져야 한다는 뜻으로 이해하면 될 것이다.

8. But all your flaws and scars are mine: scar는 동사로 '(상처 등이) 흉터를 남기다, (불쾌한 경험이) 마음의 상처를 남기다, (외관상) 상흔을 남기다[보기 싫게 만들다]'라는 뜻으로 쓰이기도 한다. 그런데 **scar**는 명사로 1) '(피부에 생긴) 흉터[반흔/상흔]', 2) '(지울 수 없는) 마음의 상처[상흔]', 3) (외관상 보기 싫은) 흔적[상흔]과 (대중적인) 이미지를 손상시키는 것'이란 뜻으로 쓰인다. 이 노래에서는 2)의 뜻으로 쓰이고 있다.

1)의 예문들은 다음과 같다.

Will the operation leave a **scar**?

(그 수술을 하면 흉터가 남을까요?)

The cut healed up without leaving a scar.

(그 베인 상처는 흉터 없이 나았다.)

A muscle tear will leave a scar after healing.

(근육 파열은 치료 후에도 흉터가 남는다.)

2)의 예문들은 다음과 같다.

His years in prison have left deep **scars**.

(그가 교도소에서 보낸 세월은 마음에 깊은 상처를 남겼다.)

That scar will remain in my heart for life.

(그 마음의 상처는 살아가는 동안 내 마음속에 계속 남아 있을 것이다/.)

The war destroyed everything and left scars and wounds on both sides.

(그 전쟁은 모든 것을 파괴했고 양 쪽에 마음의 상처를 남겼다.)

3)의 예문들은 다음과 같다.

Racism has been a **scar** on the game.

(인종차별주의가 그 경기의 이미지를 손상시켰다.)

The town still bears the scars of war.

(그 소도시에는 아직도 전쟁의 상흔이 남아 있다.)

Her face was disfigured by a long red scar.

(그녀의 얼굴은 길게 난 붉은 흉터 하나 때문에 보기 흉했다.)

9. No one can lift me, catch me the way that you do: '누군가가 나를 들어 올릴 수 없을 때 당신이 늘 하는 방식으로 날 잡아 달라'는 것은 어려움이 있을 때 함께 해달라는 의미가 아닐까 생각된다.

10. This love is like letters in bold: bold는 형용사로 '(사람·행동이) 용감한. 대담한, 선명한, 굵은'이란 뜻과 '(인쇄된 글자가) 볼드체[굵은 활자체]의'라는 뜻으로 쓰인다. **in bold**는 '볼드체[굵은 활자체]로'라는 뜻이다. letters in bold는 '볼드체로 된 글자들'이란 뜻이다.

11. This love is like out of control: **out of control**은 '통제가 안 되는, 통제할 수 없는, 통제력에서 벗어난'이란 뜻으로 쓰인다. 예문들은 다음과 같다.

Prices are spiralling **out of control**.

(물가가 걷잡을 수 없이 급등[앙등]하고 있다.)

My impression is that they are totally out of control.

(내가 받은 인상은 그들이 완전히 통제 불가라는 것이다.)

The children are completely out of control since their father left.

(그 아이들은 아버지가 떠난 후 전혀 통제가 안 되고 있다.)

12. Because we were young and unsure: **unsure**는 1) '확신하지 못하는, 의심스러워하는'과 2) '자신 없는'이란 뜻으로 쓰인다. 그런데 형용사이지만 명사 앞에 쓰이지 않고 보어로만 쓰인다. 이 노래에서는 1)의 뜻으로 쓰이고 있다고 볼 수 있다. 그 이유는 젊기 때문에 자신이 없다는 것은 연결이 잘 되지 않기 때문이다.

1)의 예문들은 다음과 같다.

He was **unsure** of what to do next.

(그는 다음에 뭘 해야 할지 확실히 알 수가 없었다.)

Fifty-two percent were unsure about the idea.

(오십이 퍼센트가 그 생각에 확신을 갖지 못했다.)

There were a lot of things I was unsure of about.

(나는 의심스러운 것들이 많았다.)

2)의 예문들은 다음과 같다.

Like many women, deep down she was **unsure** of herself.

(많은 여성들이 그런 것처럼, 그녀도 마음속으로는 자신에 대한 확신이 없었다.)

Recently, I 've been unsure about the candidate who I was for.

(최근 들어 내가 전에 지지하던 후보자에 대한 확신이 없어졌어요.

She is generally pleased with the car, but is unsure what to do.

(그녀는 차에 만족하지만 확실하게 무엇을 해야할지 몰랐다.)

13. Falling, crash into my arms: **crash into**는 대부분 '~와 충돌하다'라는 뜻으로 쓰인다. 이 노래에서는 (머리가) 떨어져 내 팔에 부딪치는 것을 생각해 볼 수 있다.

따라서 갑자기 머리를 떨구어 팔에 안기는 상황을 그려보루 수 있을 것이다. 일반적으로 쓰이는 예문들은 다음과 같다.

The truck **crashed into** a parked car.
(그 트럭이 주차된 승용차를 들이받았다.)

Her car crashed into the rear of a van.
(그녀의 차가 트럭 뒷부분과 충돌했다.)

She crashed into a waiter and his tray of drinks went flying.
(그녀가 웨이터와 거세게 부딪쳐서 그가 들고 있던 술잔이 얹힌 쟁반이 날아갔다.)

14. Never let go: **let go**는 let sb go로 쓰여 1) '~를[을] 풀어 주다[석방하다], 가게 내버려 두다'와 2) '~를[을] 해고하다'로, let sb/st go로 쓰여 3) '(손으로 잡고 있던 것을) 놓다'와 4) '(생각 · 태도 · 장악하고 있던 것을) 버리다[포기하다]'와 let sth go로 쓰여 5) '(집 · 정원 등을 돌보는 것을) 그만두다'라는 뜻으로 쓰인다. 이 노래에서는 1)의 뜻으로 쓰이고 있다.

1)의 예문들은 다음과 같다.

Please **let** me **go**.
(제발 나 좀 가게 해줘.)

You just have to let go of him.
(당신은 그냥 그를 보내줘야 해.)

No matter what happens, don't let go.
(무슨 일이 생긴다 하더라도 보내지 마라.)

2)의 예문들은 다음과 같다.

Business was slack and many employees were **let go**.
(불경기 탓으로 많은 종업원들이 해고됐다.)

Hearing the words "you've been let go" is never easy.
("당신은 해고 됐습니다"는 말을 듣는 것은 결코 쉽지 않습니다.)

They're having to let 100 employees go because of falling profits.
(그들이 수익 감소 때문에 백 명의 직원을 해고해야 할 것이다.)

3)의 예문들은 다음과 같다.

Let go of my hand.

(손 좀 놓아 주시오.)

Don't let go of the rope.

(줄을 놓아서는 안 돼.)

Let go! You're hurting me!

((이 손) 놔! 아프단 말이야!)

4)의 예문들은 다음과 같다.

It's time to **let** the past **go**.

(이제 과거는 버려야 할 때이다.)

It's time to let go of the past.

(이제 과거는 버려야 할 때이다.)

I let go of the hate, the rage and the envy.

(나는 미움과 노여움 그리고 부러움도 버렸다.)

5)의 예문은 다음과 같다.

I'm afraid I've **let** the garden **go** this year.

(올해는 정원 가꾸는 일을 그만두어야 할 것 같다.)

기억할 만한 영어 문장

1. This love is like sun on the rise.

   (이 사랑은 떠오르는 태양 같기도 해.)

2. All your flaws and scars are mine.

   (너의 결점과 마음의 상처들은 다 내가 짊어질 거야.)

3. Your heart got me hurting at times.

   (네 마음은 가끔 나에게 상처를 줄 때도 있었다.)

* 팝송 에세이

사랑은 어떤 모습일까? 많은 사람들이 사랑에 대해 수없이 많은 이야기들을 하지만 생각만큼 쉽게 사랑에 대한 정의를 내리기 힘들다. 사랑의 양면성은 첫 째연에서 드러나고 있다. 사랑은 "얼음과 불"과 같다든지, "비와 파란 하늘"과 같다는 이야기를 통해 대조적인 특성을 갖고 있는 사랑의 양면성을 드러내고 있다. 그만큼 사랑의 긍정적인 측면과 부정적인 측면을 동시에 갖고 있다는 뜻일 것이다. 사랑은 자칫 치유도 되고 희망도 가질 수 있는 부분도 있지만 상처나 실망이나 좌절을 서로에게 안겨줄 수도 있기 때문에 사랑을 잘 만지작 거려야 할 것이다. 사랑이 두 얼굴을 갖고 있지만 사랑하는 이에게 빠져 있는 경우에는 "내가 널 놓치지 않게 해줘"라며 함께 하고 싶은 간절한 마음을 드러낸다.

사랑이 완성되는데 시간이 걸리기도 하고 위태로운 사랑 때문에 잘못된 부분도 인정하지만 상대방의 결점과 마음의 상처를 짊어지고 간다고 하니, 사랑은 마음을 어루만져 주면서 고통을 나눌 수 있을 것이다. 사랑하게 되면 기쁨은 두 배로 되고 고통은 반으로 줄어든다고 말할 수 있을까?

사랑한다는 것은 대우주 속의 소우주의 운동이라고 말할 수도 있을 것이다. 사랑하는 각자의 소우주가 운동을 하는데 각 소우주가 서로 포섭되고 서로 뒤섞여 조화를 이루게 되어 구분이 모호해지는 것은 아닌지? "내가 들이마시는 모든 것 / 내가 느끼는 모든 것 / 넌 나에게 전부야"의 상태가 되어버리는 것은 소우주가 분리되어 있는 것이 아니라 통합되어 있는 것이 아닌지? 사랑에 빠져 있는 경우는 각자의 소유를 인정하지 않고 공동의 소유라고 할 수 있지 않을까? 공동의 소유에 만족하지 않고 사랑을 가꾸고 "항상 사랑을 새롭게 만들어"가는 사랑 가꾸기에도 소홀함이 없다.

사랑하는 과정에 서로에 대한 욕심으로 실수도 하고 위태로운 사랑도 나누지만, 그 모든 것을 안고 가려는 마음은 사랑에 대한 책임을 진다는 뜻일 것이다. 가끔 서로의 품에 안기기도 하고 입맞춤을 하면서 공기로 호흡하듯이 온몸으로 우주의 기운을 느끼듯 사랑을 할 정도로 사랑에 빠져 있다면 다른 누구와도 공유할 수 없는 둘 만의 이상향은 아닐까?

★ 덧붙이는 글 ★

영화『브릿지 존즈의 베이비』(2016)의 오리지널 사운드 트랙(OST)이다.

셋째 연의 But all your flaws and scars are mine에서 일부 scars('마음의 상처[상흔], 흔적, 흉터') 대신에 scares('불안(감)[두려움]')라고 가사 소개가 되어 있는데, 문맥상scars가 맞다. 부정적인 의미를 담고 있는 scares가 연결될 듯한 부분도 있긴 하지만 노래 전체의 흐름에 맞는 것은 scars이다.

Nothing's Gonna Change My Love For You

Sung by Glenn Medeiros

If I had to live my life without you near me
The days would all be empty
The nights would seem so long
With you I see forever Oh, so clearly
I might have been in love before
But it never felt this strong

Our dreams are young and we both know
They'll take us where we want to go
Hold me now
Touch me now
I don't want to live without you

Nothing's gonna change my love for you
You ought to know by now how much I love you
One thing you can be sure of
I'll never ask for more than your love

Nothing's gonna change my love for you
You ought to know by now how much I love you
The world may change my whole life through
But nothing's gonna change my love for you

If the road ahead is not so easy
Our love will lead the way for us
Like a guiding star
I'll be there for you if you should need me
You don't have to change a thing
I love you just the way you are

So come with me and share the view
I'll help you see forever too
Hold me now
Touch me now
I don't want to live without you

Nothing's gonna change my love for you
You ought to know by now how much I love you
One thing you can be sure of
I'll never ask for more than your love

Nothing's gonna change my love for you
You ought to know by now how much I love you
The world may change my whole life through
But nothing's gonna change my love for you

Nothing's gonna change my love for you
You ought to know by now how much I love you
One thing you can be sure of
I'll never ask for more than your love

Nothing's gonna change my love for you
You ought to know by now how much I love you
One thing you can be sure of
I'll never ask for more than your love

Nothing's gonna change my love for you
You ought to know by now how much I love you
The world may change my whole life through
But nothing's gonna change my love for you

Nothing's gonna change my love for you
You ought to know by now how much I love you
One thing you can be sure of
I'll never ask for more than your love

당신을 향한 내 사랑은 그 무엇과도 바꿀 수 없을 거예요

글렌 메다이로스의 노래

내 곁에 당신이 없는 삶을 살아야 한다면
그 날들은 모든 것이 허전할 거예요
밤이 너무 길게 느껴질 거예요
당신과 함께 영원히 알고 있어요 오 너무 또렷하게
난 예전에 사랑에 빠졌을 지 모르죠
하지만 그건 이처럼 강하게 느껴지진 않았어요

우리의 꿈들은 덜 성숙되어 우리 둘은 알고 있어요
우리의 꿈들은 우리가 가고 싶은 곳으로 데려다 줄 거예요
지금 날 잡아요
지금 날 살짝 만져봐요
난 당신 없는 삶을 원하지 않아요

당신을 향한 내 사랑은 그 무엇과도 바꿀 수 없을 거예요
지금까지 내가 당신을 얼마나 사랑했는지 당신이 알아야 되요
당신이 확신할 수 있는 한 가지는
내가 당신의 사랑보다 더 많은 걸 결코 요구하지 않을 거예요

당신을 향한 내 사랑은 그 무엇과도 바꿀 수 없을 거예요
지금까지 내가 당신을 얼마나 사랑했는지 당신이 알아야 되요
세상이 내 삶을 송두리째 바꿔버릴지 몰라요
하지만 당신을 향한 내 사랑은 그 무엇과도 바꿀 수 없을 거예요

우리 앞에 쉽지 않은 길이 나타난다 해도
우리의 사랑은 우리를 위해 그 길을 안내할 거예요
안내하는 별처럼
당신이 날 필요로 한다면, 난 당신을 위해 그곳에 있을 거예요
당신은 조금도 변화시킬 필요가 없어요
난 단지 당신이 있는 현재의 모습 그대로를 사랑해요

그래서 나와 함께 가서 생각을 함께 나눠요
난 당신이 또한 영원히 보는데 도움을 줄 거예요
지금 날 잡아요
지금 날 살짝 만져봐요
난 당신 없는 삶을 원하지 않아요

당신을 향한 내 사랑은 그 무엇과도 바꿀 수 없을 거예요
지금까지 내가 당신을 얼마나 사랑했는지 당신이 알아야 되요
당신이 확신할 수 있는 한 가지는
내가 당신의 사랑보다 더 많은 걸 결코 요구하지 않을 거예요

당신을 향한 내 사랑은 그 무엇과도 바꿀 수 없을 거예요
지금까지 내가 당신을 얼마나 사랑했는지 당신이 알아야 되요
당신이 확신할 수 있는 한 가지는
내가 당신의 사랑보다 더 많은 걸 결코 요구하지 않을 거예요

당신을 향한 내 사랑은 그 무엇과도 바꿀 수 없을 거예요
지금까지 내가 당신을 얼마나 사랑했는지 당신이 알아야 되요
당신이 확신할 수 있는 한 가지는
내가 당신의 사랑보다 더 많은 걸 결코 요구하지 않을 거예요

당신을 향한 내 사랑은 그 무엇과도 바꿀 수 없을 거예요
지금까지 내가 당신을 얼마나 사랑했는지 당신이 알아야 되요
당신이 확신할 수 있는 한 가지는
내가 당신의 사랑보다 더 많은 걸 결코 요구하지 않을 거예요

당신을 향한 내 사랑은 그 무엇과도 바꿀 수 없을 거예요
지금까지 내가 당신을 얼마나 사랑했는지 당신이 알아야 되요
당신이 확신할 수 있는 한 가지는
내가 당신의 사랑보다 더 많은 걸 결코 요구하지 않을 거예요

당신을 향한 내 사랑은 그 무엇과도 바꿀 수 없을 거예요
지금까지 내가 당신을 얼마나 사랑했는지 당신이 알아야 되요
당신이 확신할 수 있는 한 가지는
내가 당신의 사랑보다 더 많은 걸 결코 요구하지 않을 거예요

* 영어 발음 제대로 듣거나 말하기

1) 이어지는 소리(연음)의 경우

(1) 약모음 이동

road ahead, Like a, change a

road ahead에서 ahead의 a가 약모음 [ə]가 되어 앞 낱말 끝부분에 가서 붙어 '로더 헤드'로 발음된다. Like a에서 a가 약모음 [ə]가 되어 앞 낱말 끝부분에 가서 붙어 '라이커'로 발음된다. change a도 마찬가지 경우이다.

(2) 자음 이동

would all, take us, love you, help you

would all에서 would의 자음 d가 뒤에 있는 낱말 앞부분에 가서 붙어 '우 돌'로 발음된다. take us에서 take의 자음 k가 뒤에 있는 낱말 앞부분에 가서 붙어 '테이 커스'로 발음된다. take의 끝에 있는 모음 e는 약하게 발음되기 때문에 무시해도 될 정도이다. love you에서 love의 자음 v가 뒤에 있는 낱말 앞부분에 가서 붙어 '러 뷰'로 발음된다. love의 끝에 있는 모음 e도 take의 끝에 있는 모음 e는 마찬가지로 약하게 발음되기 때문에 무시해도 될 정도이다. help you도 마찬가지 경우이다.

2) 없어지는 소리(탈락)의 경우

had to, empty, would seem, felt this, and we, want to, hold me, don't want, lead the, should need, don't have, just the

had to에서 had의 d는 to의 t는 최소쌍(minimal pair)로 같은 위치에서 소리가 나기 때문에 앞의 d는 탈락되어 '해 터'로 발음된다.

empty에서 empty의 p는 자음 m과 자음 t 사이에 놓이기 때문에 탈락되어 '엠티'로 발음된다. 이와 같이 자음과 자음 사이에 놓이는 여섯 개의 파열음인 철자—k/g, p/b, t/d—사이에 놓여 탈락되는 예로 would seem, and we, hold me, don't want, should need와 don't have가 해당된다.

felt this에서 felt에서 t와 this의 th-의 발음 [ð]가 비슷하기 때문에 앞의 t가 탈락되어 '휄 디스'에 가깝게 발음된다. just the도 마찬가지 경우이다.

want to에서 want의 t와 to의 t는 같은 철자로 겹쳐서 나오기 때문에 탈락되어 '완터'로 발음된다.

lead the에서 lead의 d와 the의 th- 발음 [ð]가 비슷하기 때문에 앞의 t가 탈락되어 '휄 디스'에 가깝게 발음된다.

3) 닮는 소리(동화)의 경우

without you, But it

without you에서 without의 t[t]와 you의 y[j]가 합쳐져 서로 닮아서 [tʃ]로 바뀌어 '위다우츄'에 가깝게 발음된다. 따라서 이런 현상은 영국영어(British English) 보다 미국영어(American English)에서 자주 나타나는 현상이다.

But it에서 t가 강모음과 약모음 사이에 놓이면 단타음(單打音)으로 되어 t도, d도, r도 아닌 발음이 된다. But it는 '버릿'에 가깝게 발음된다. 이 소리는 한글로 정확하게 표기할 수 없으며 오직 소리로만 익힐 수밖에 없다. 특히 미국영어(American English)에서 두드러진 현상이다.

4) 줄어진 소리(축약)의 경우

don't, They'll, I'll, Nothing's

부정형인 don't, 도우미동사(조동사)의 경우인 They'll과 I'll, be 동사의 경우인 Nothing's가 있다. 이 가운데 They'll과 I'll에서 'll이 한국인이 발음하기에 가장 힘든 예이다. 그 이유는 'll은 will의 줄인 형태인데 'll'이 한국어에 없는 발음으로, 'l'은 혀를 입천장에 붙여서 소리를 내야 하는데, 한국어에는 이렇게 소리를 내는 것이 없기 때문이다.

5) 주의해야 할 발음

had to, **might have been**, **dr**eams, **wh**ere, **ought to**, **have to**,

had to는 **have to**의 과거형이다. **had to**와 **have to**('~해야 한다')에서 had to는 [hætə]로 발음하고 have to는 [hæftə]로 발음한다. had to에서 to의 't'는 had의 d와 최소쌍(minimal pair)으로서 같은 위치에서 소리가 나기 때문에 앞의 'd'가 탈락된다.

might have been은 도우미동사의 과거+have+과거분사의 형태이다. 이런 형태로 되어 있는 경우에는 세 개의 낱말이 한 박자를 받아야 하기 때문에 주어진 시간 안에 발음하려면 일부를 줄이거나 또는 약하게 발음할 수밖에 없다. 이 세 개의 낱말 가운데 have가 've로 하거나 have로 되어 있다 할지라도 발음을 약하게 해야 된다. might have been은 '마이트 해브 빈'이 아니라 '마이러브빈'에 가깝게 발음된다.

dreams에서 'dr~'의 발음은 '드_'와 '주'의 중간쯤 되는 소리로 '쥬'에 가깝게 발음된다. dreams는 '드림즈'라기 보다 '쥬림wm'에 가깝게 발음된다.

where에서 wh~로 시작되는 낱말은 'w'뒤에 있는 'h'의 소리가 보통 들리지 않는다. 그러니까 where은 '훼어'라기 보다 '웨어'에 가깝게 발음된다. 그러나 사람과 관련된 who, whose, whom은 예외로 'h'의 소리가 그대로 난다.

ought to는 '~해야 한다'라는 뜻으로 '오터 투'로 발음되는 것이 아니라 '오러'에 가깝게 발음된다. 그 이유는 t(t)는 강모음과 약모음 사이에 놓이기 때문에 단타음화(單打音化)되어 t도, d도, r도 아닌 소리이기 때문에 한글로 표기할 수 없다.

6) 기타

gonna

gonna는 허물없이 발음하는 경우의 예이다. gonna는 going to인데 입말체에서 '고잉 투'로 발음하지 않고 '가너'또는 '고너'로 발음하고, goingt to로 표기가 되어 있더라고 말을 할 때는 gonna로 발음하는 경우가 많다. going to에서 gonna로 바뀌는 과정은 '팝송영어 소리를 제대로 듣는 요령'에 나와 있는 설명을 참고하기 바란다.

* 팝송에 들어 있는 쓸모 있는 영어 표현들

1. I might have been in love before: **might have been**은 '그렇게 되었을지도 모를 일, 더 훌륭(유명)해졌을는지도 모를 사람'을 나타낼 때 '~되었을지도, ~해졌는지도 모르는, ~이었을지도 모르는'이란 뜻으로 주로 과거 사실에 대한 추측을 하는 경우에 쓰인다. 예문들은 다음과 같다.

   I heard what **might have been** an explosion.
   (나는 무언가 폭발하는 듯한 소리를 들었다.)
   There might have been an infringement of the rules.
   (규칙 위반이 있었을 수도 있다.)
   Things might have been different if I'd talked a bit more.
   (내가 조금 더 오래 이야기했더라면 상황이 달라졌을지도 모른다.)

2. One thing you can be sure of: **sure of**는 '…을[를] 확신하는'이란 뜻으로 쓰인다. 대부분 be sure of의 구문의 형태로 되어 있다. 예문들은 다음과 같다.

   I hope you are **sure of** your facts.
   (나는 당신 진술이 확실한 것이기를 바랍니다.)
   You're always sure of a warm welcome there.
   (당신이 그곳에서는 언제든지 틀림없이 따뜻한 환영을 받으실 겁니다.)
   One thing I am sure of was that she was scared.
   (내가 확신하고 있는 것 하나는 그녀가 무서워했다는 것이었다.)

3. I'll never ask for more than you love: **more than**은 '…보다 많이, …이상(의)'이란 뜻으로 쓰인다. 비교급인 경우 more와 than 사이에 형용사나 부사가 들어가면서

서로 비교하게 되는데 이렇게 붙어 있는 경우에는 약간의 뜻의 차이가 있다. 예문들은 다음과 같다.

It couldn't have cost **more than** £50, tops.
(그것이 최고 오십 파운드보다 더 했을 리가 없다.)

The company owes money to more than 60 banks.
(그 회사는 60개가 넘는 은행에 부채가 있다.)

More than nine hundred people have died in the fighting.
(그 전투에서 구백 명 이상이 목숨을 잃었다.)

4. Like a guiding star: **guiding star**는 '(천문학) 안내 별'이란 뜻이다. '안내하는 별'은 적경 0°의 선에 일렬로 늘어서 춘분점의 위치를 추정하는 지표가 되는 별 γPeg(페가수스자리의 감마별), αAnd(안드로메다자리의 알파별)과 βCas(카시오페이아자리의 베타별 카프)을 말한다.

5. I'll be there for you if you should need me: **I'll be there**는 팝송에서는 자주 나오는 표현이다. I'll be there는 글자 그대로 '난 그 자리에 있을 거야'라는 뜻이지만, 이 표현이 상황에 따라 다양하게 쓰인다는 점을 알 필요가 있다. 여기서 there가 사랑하는 대상인 경우 이상적으로 생각하는 목표나 이상 또는 만남의 장소 등 다양하게 쓰인다는 점을 기억해야 한다.

6. You don't have to change a thing: **don't have to**는 '~할 필요가 없다'라는 뜻이다. 그런데 긍정의 형태인 have to는 '('의무'를 나타내어) …해야 한다'라는 뜻으로 쓰인다. don't have to의 예문들은 다음과 같다.

You **don't have to** knock—just walk in.
(당신이 노크할 필요 없어요. 그냥 들어와요.)

You don't have to feel bad about relaxing.
(당신은 쉬는 것에 대해 죄책감을 가질 필요는 없다.)

Bathrooms don't have to be purely functional.

(욕실이라고 순전히 기능 위주로 만들 필요는 없다.)

7. I love you just the way you are: **the way you are**는 글자 그대로의 뜻인 '당신이 있는 방식'은 '당신이 있는 그대로'로 이해하면 될 것이다. I love you just the way you are에서 I love you just (in) the way (how) you are가 생략되지 않은 문장이다.

8. I'll help you see forever too: **help you see**서 주된 동사(주동사) help 다음에 목적어가 오고 그 다음에 to 부정사가 오는 것이 일반적이다. 그런데 주된 동사 자리에 도움을 주는 동사 help의 경우 그 다음에 목적어(you)가 오고 그 다음에 to 부정사가 아닌 알몸동사(원형동사)(see)가 온다. 그런데 주된 동사가 help인 경우에는 뒤에 알몸동사가 나오기도 하고 to 부정사가 나오기도 한다. 예문은 다음과 같다.

This charity aims to **help** people (to) help themselves.

(이 자선단체는 사람들이 자립을 할 수 있도록 돕는 것을 목표로 한다.)

기억할 만한 영어 문장

1. I don't want to live without you.

   (난 당신 없는 삶을 원하지 않아요.)

2. You ought to know how much I love you.

   (내가 당신을 얼마나 사랑했는지 당신이 알아야 되요.)

3. The world may change my whole life again.

   (세상이 내 삶을 송두리째 바꿔버릴지 몰라요.)

* 팝송 에세이

소박한 의미의 사랑에 대한 욕구를 드러내고 있는 노래이다. 머릿속으로 사랑하는 대상이 곁에 없다면 허전함을 느끼게 되고 밤이 길게 느껴질 것이다. 옆에 있는 것만으로도 만족감을 느낄 수 있는 것이 사랑하는 상태일 것이다. 두 사람의 꿈을 실현시키기 위해서라도 상대가 없는 삶은 생각될 수 없는 것이다.

"당신을 향한 내 사랑은 그 무엇과도 바꿀 수 없을 거예요 / 지금까지 내가 당신을 얼마나 사랑했는지 당신이 알아야 되요"라며 지나치지 않을 정도로 조용한 목소리로 상대방에게 사랑을 요구하고 있는 것이다. 사랑하는 당신이 날 필요로 하면 언제든지 필요로 하는 곳에 있을 거라고 다짐도 하면서 "난 단지 당신이 있는 현재의 모습 그대로를 사랑해요"그리고 "당신이 확신할 수 있는 한 가지는 / 내가 당신의 사랑보다 더 많은 걸 결코 요구하지 않을 거예요"라며 조금도 지나친 욕심을 부리지도 않는다.

사랑한다는 것은 사랑한다는 사실 그 자체만으로 완성되는 것이라 말할 수 있다. 상대방에게 부담을 주지도 않고 지나치게 욕심을 드러내지 않고 더 많은 것을 요구하지도 않고 상대방이 사랑한다는 사실만 알아주길 바라는 마음은 고요한 호수에 동그란 돌멩이를 던지면 동심원을 그리면서 나아가듯이 사랑이 확장될 수 있을 것 같은 느낌이 든다. 제라르 프레스귀르빅(Gérard Presgurvic)의 뮤지컬 『로미오와 줄리엣』(*Romeo & Juliette*)에 나오는 '사랑한다는 것'의 노래 가사의 은유적 표현의 일부를 인용해 보고자 한다.

사랑한다는 것, 그보다 더 아름다운 건 없네.
사랑한다는 건, 높이 날아 올라 새들의 날개에 닿는 것.
사랑한다는 것, 그보다 더 아름다운 건 없네.
사랑한다는 건, 시간을 훔치는 것.
사랑한다는 건, 살아 숨쉬는 것 그리고 화산처럼 타오르는 것.
사랑한다는 것, 그보다 더 위대한 건 없네.

사랑한다는 것, 그보다 능력 있는 건 없네. 우리에게 있는 가장 좋은 것을 주는 것.

사랑한다는 건, 그의 마음을 이해하는 것.

사랑한다는 건, 더 이상 두렵지 않은 것.

사랑한다는 것, 그보다 더 아름다운 건 없네.

사랑한다는 건, 높이 날아 올라 새들의 날개에 닿는 것.

사랑한다는 것, 그보다 더 아름다운 건 없네.

Don't Know Much

Sung by Linda Ronstadt & Aaron Neville

Look at this face
I know the years are showin'
Look at this life
I still don't know where it's goin'

I don't know much
But I know I love you
And that maybe
All I need to know

Look at these eyes
They've never seen what mattered
Look at these dreams
So beaten and so battered,

I don't know much
But I know I love you
And that maybe
All I need to know

So many questions
Still left unanswered
So much
I've never broken through

And when I feel you near me
Sometimes I see so clearly
The only truth
I've ever known
Is me and you

Look at this man
So blessed with inspiration
Look at this soul
Still searching for salvation

I don't know much
But I know I love you
And that maybe
All I need to know

I don't know much
But I know I love you
That maybe
All I need to know

I don't know much
But I know I love you
That maybe
All there is to know, oh, oh, ah, ah

많이 알지 못해요

린다 론스타트와 애런 네빌의 노래

이 얼굴을 좀 보세요
세월이 흘러가고 있음을 보여 준다는 것을 난 알아요
이 인생을 보세요.
아직도 인생이 어디로 가고 있는 건지 모르겠어요

내가 많이 알지 못해요
하지만 내가 당신을 사랑한단 걸 난 알아요
그리고 그게
내가 알 필요가 있는 전부 일지 몰라요.

이 눈들을 보세요
눈들은 중요한 것을 보지 못했어요
너무나도 두들겨 맞고 무척이나 구타당한
이 꿈들을 보세요

내가 많이 알지 못해요
하지만 내가 당신을 사랑한다는 걸 난 알아요
그리고 그게
내가 알 필요가 있는 전부 일지 몰라요

여전히 답변을 구할 수 없는
수많은 의문들
내가 결코 돌파구를 찾지 못하는
수많은 것들

그리고 당신이 내 곁에 있다고 느낄 때
가끔은 내가 아주 명확히 알 수 있어요
내가 알고 있는
유일한 진실은
당신과 나예요

영감으로 너무도 축복받은
이 사람을 보세요
아직도 구원을 찾고 있는
이 영혼을 보세요

내가 많이 알지 못해요
하지만 내가 당신을 사랑한다는 걸 난 알아요
그리고 그게
내가 알 필요가 있는 전부 일지 몰라요

내가 아는 건 많지 않지만
당신을 사랑한단 건 알아요
그게 내가 알아야 할
전부 일런지 몰라요.

내가 많이 알지 못해요
당신을 사랑한단 건 알아요
그게 내가 알아야 할
전부 일런지 몰라요.

내가 많이 알지 못해요
당신을 사랑한단 건 알아요
그게 내가 알아야 할
전부 일런지 몰라요 오 오 아 아

* 영어 발음 제대로 듣거나 말하기

1) 이어지는 소리(연음)의 경우

(1) 약모음 이동

lef**t un**answered

lef**t un**answered에서 unanswered의 un이 약모음이 들어 간 [ən]으로 발음이 되어 앞 낱말 끝부분에 가서 붙어 '레프턴 앤스더'로 발음된다.

(2) 자음 이동

Loo**k a**t, year**s a**re, lo**ve y**ou, A**ll I**, whe**n I**

Loo**k a**t에서 Look의 자음 k가 뒤에 있는 낱말 앞부분에 가서 붙어 '루 캣'으로 발음된다. year**s a**re에서 years의 자음 s가 뒤에 있는 낱말 앞부분에 가서 붙어 '이어 자'로 발음된다. lo**ve y**ou에서 love의 자음 v가 뒤에 있는 낱말 앞부분에 가서 붙어 '러 뷰'로 발음된다. love의 끝에 있는 e는 약하게 발음되기 때문에 무시해도 될 정도이다. A**ll I**에서 All의 자음 ll이 뒤에 있는 낱말 앞부분에 가서 붙어 '오 라이'로 발음된다. when I도 마찬가지 경우이다.

2) 없어지는 소리(탈락)의 경우

don'**t** know, An**d** that, nee**d** to, an**d** so, An**d** when, bless**ed** with

don'**t** know에서 don't의 t는 자음 n과 know의 자음 k 사이에 놓이기 때문에 탈락되어 '던 노우'로 발음된다. 이와 같이 자음과 자음 사이에 놓이는 여섯 개의 파열음인 철자—k/g, p/b, t/d—사이에 놓여 탈락되는 예로 an**d** so와 An**d** when이 해당된다.

An**d** that에서 And의 d와 that의 th- 발음 [ð]가 발음이 비슷하여 앞의 d가 탈락되어 '앤 댓'에 가깝게 발음된다.

nee**d** to에서 need의 d와 to의 t는 같은 위치에서 소리가 나는 최소쌍(minimal pair)이기 때문에 앞의 d가 탈락되어 '니 터'로 발음된다.

blessed with에서 blessed의 -ed 발음 [t]는 앞의 자음 ss와 뒤에 나오는 with의 자음 w 사이에 놓이는 파열음이기 때문에 탈락되어 '블레스 워드'에 가깝게 발음된다.

3) 닮는 소리(동화)의 경우

mattered, beaten, battered, But I

mattered에서 t(t)가 강모음과 약모음 사이에 놓이면 단타음(單打音)으로 되어 t도, d도, r도 아닌 발음이 된다. mattered는 '매러더'에 가깝게 발음된다. 이 소리는 한글로 정확하게 표기할 수 없으며 오직 소리로만 익힐 수밖에 없다. 특히 미국영어(American English)에서 두드러진 현상이다. beaten, battered와 But I도 마찬가지 경우이다.

4) 줄어진 소리(축약)의 경우

showin', don't, it's, goin', They've, I've

showin'에서 'in은 ing의 줄인 형태이다. 이렇게 줄이는 이유는 노래를 부를 때 ing[ɪŋ]으로 발음하기도 힘이 들지만 노래를 부르는 경우 'in[ɪn]으로 소리를 내는 것이 훨씬 부드럽게 들리기 때문이 아닐까 생각해 본다.

부정형인 don't, be 동사의 경우인 it's와 have 동사의 경우인 They've와 I've가 있다.

5) 주의해야 할 발음

where, what, dreams, when, truth

where, what과 when에서 wh~로 시작되는 낱말은 'w'뒤에 있는 'h'의 소리가 보통 들리지 않는다. 그러니까 where는 '훼어'이라기 보다 '웨어'에 가깝게, what은 '홧'이라기보다 '왓'에 가깝게, when은 '휀'이라기 보다 '휀'에 가깝게 발음된다. 그러나 사람과 관련된 who, whose, whom은 예외로 'h'의 소리가 그대로 난다.

dreams에서 'dr~'의 발음은 '드_'와 '주'의 중간쯤 되는 소리로 '쥬'에 가깝게 발음된다. dreams는 '드림즈'라기 보다 '쥬림wm'에 가깝게 발음된다.

truth에서 'tr~'의 발음은 '츠ㅡㅡ'와 '추'의 중간쯤 되는 소리로 '츄'에 가깝게 발음된다. truth는 '트루스'라기 보다 '츄루스'에 가깝게 발음된다.

* 팝송에 들어 있는 쓸모 있는 영어 표현들

1. They've never seen what mattered: matter는 명사로 '(고려하거나 처리해야 할) 문제, 상황, 사태, 사정, (걱정 · 고민 등의 원인이 되는) 문제[일], (무엇과 관련하여 중요한) 일[문제], 관건'등으로 쓰인다. **matter**는 동사로 '중요하다, 문제되다'라는 뜻으로 쓰인다. 이 노래에서는 동사로 쓰이고 있다. matter가 동사로 쓰이는 예문들은 다음과 같다.

   Does it really **matter** who did it?
   (누가 그걸 했는지가 정말 중요한가요?)
   He's in prison, you know—not that it matters.
   (아시다시피 그는 교도소에 간 적이 있어요. 그게 중요한[문제되는] 건 아니예요.)
   The children matter more to her than anything else in the world.
   (그녀에게는 아이들이 세상 다른 무엇보다더 중요하다.)

2. So beaten and so battered: **beaten**은 '두들겨 맞은, 두들겨 편'과 '밟아 다진'이란 뜻으로 쓰인다. 그러니까 글자 그대로 '꿈이 두들겨 맞은'**battered**는 '낡은, 닳은'과 '구타당한, 매 맞는; 심한 공격을 받는'이란 뜻으로 쓰인다. beaten이나 battered는 글자 그대로 '두들겨 맞은'또는 '구타당한'꿈들이란 실현되지 못하고 실패한 꿈을 일컫는다.

3. Still left unanswered: **unanswered**는 '해답이 나오지 않은'과 '답장을 못 쓴, 답을 못한'이란 뜻으로 쓰인다. 이 노래에서는 '해답이 나오지 않은'이란 뜻으로 쓰이고 있는데, 위의 질문들과 연결해서 보면 '여전히 해답이 나오지 않은'질문들이라고 할 수 있다.

4. I've never broken through: **break through**는 1) '(무력으로 ~을) 뚫고 나아가다[돌파하다]', 2) '(구름 뒤에서) 나타나다'와 3) '돌파구를 찾다'라는 뜻으로 쓰인다. 이 노래에서는 3)의 뜻으로 쓰이고 있다.

1)의 예문들은 다음과 같다.

Protesters tried to **break through** a police cordon.
(시위자들은 경찰 경계선 돌파를 시도했다.)

The surrounded enemy attempted to break through.
(포위된 적군은 돌파 작전을 감행했다.)

The demonstrators broke through heavy police barriers.
(시위자들은 두터운 경찰 저지선을 돌파했다.)

2)의 예문들은 다음과 같다.

The sun **broke through** at last in the afternoon.
(오후가 되자 마침내 해가 났다.)

A late November sun was breaking through the clouds.
(십일 월 말의 햇빛이 구름에서 새어 나오고 있었다.)

The drizzle had now stopped and the sun was breaking through.
(보슬비가 이제 멈추고 태양이 구름 사이를 헤치고 나오고 있었다.)

3)의 예문들은 다음과 같다.

There is still scope for new writers to **break through**.
(신인 작가들이 난관을 뚫고 성공할 수 있는 여지가 여전히 있다.)

He had finally managed to break through her reserve.
(그가 마침내 그녀의 내성적인 마음의 문을 여는 데 성공한 상태였다.)

Scientists think they are beginning to break through in the fight against cancer.
(과학자들은 자신들이 암과의 싸움에서 돌파구를 찾기 시작하는 중이라고 생각한다.)

5. Look at this soul: **soul**은 '(영)혼, 혼령, 정신, (한 사람의) 마음, 솔 뮤직'이란 뜻과 '(특정한 유형의) 사람'이란 뜻으로 쓰인다. 이 노래에서는 전자 보다 후자의 뜻인 '사람'이란 뜻으로 쓰이고 있다.

6. Still searching for salvation: **search for**는 '~를[을] 찾다, 탐구하다'라는 뜻으로 쓰인다. 예문들은 다음과 같다.

Some went to **search for** cheap land.
(몇몇은 값싼 땅을 찾아 떠났다.)

All people need it to study and search for data.
(모든 사람들은 공부를 하고 자료를 찾기 위해서 그것이 필요합니다.)

So they leave their home to search for new cheese.
(그래서 그들은 새 치즈를 찾으러 집을 떠난다.)

기억할 만한 영어 문장

1. The eyes have never seen what mattered.
(눈들은 중요한 것을 보지 못했어요.)
2. The only truth I've ever known is me and you.
(내가 알고 있는 유일한 진실은 당신과 나이에요.)
3. When I feel you near me sometimes I see so clearly.
(당신이 내 곁에 있다고 느낄 때 가끔은 내가 아주 명확히 알 수 있어요.)

* 팝송 에세이

사랑하는 사이에 있어서 겸손은 어떤 모습일까? 그냥 상대방이 말하는 것을 말하는 대로 그대로 수긍하는 것일까? 상대방의 잘못을 과하지 않게 지적해주는 것일까? 목소리를 낮게 하더라도 상대방에게 의사가 잔잔히 전달되어 상대방이 알아차릴 수 있도록 한다면 겸손의 미덕이 드러나는 것을 아닐까라는 생각이 든다. "내가 많이 알지 못해요 / 하지만 내가 당신을 사랑한다는 걸 날 알아요 / 그리고 그게 / 내가 알 필요가 있는 전부 일지 몰라요"라며 아는 것이 많지 않지만 오직 상대방을 사랑한다는 사실만은 알고 있다는 사실을 나지막하게 드러내고 있다.

세월이 흘러감에도 변함이 없이, 일그러진 꿈들을 간직한 눈망울에도 불구하고, 여전히 궁금한 것들이 많이 있음에도 가까이 있을 때 자신이 알고 있는 유일한 진실은 사랑하는 두 사람이 함께 하고 있다는 것이다. 두 사람이 함께 있으면서 편안하고 따뜻한 분위기를 만들어갈 수 있을 때 수많은 이야기를 하지 않더라도 이미 둘 사이에 사랑의 온도는 높아갈 수밖에 없을 것이다. 서로를 내세우지 않으면서 그냥 그대로 함께 있는 것만으로도. 제라르 프레스귀르빅(Gèrard Presgurvic)의 뮤지컬 『로미오와 줄리엣』(*Romeo & Juliette*)에 나오는 '사랑한다는 것'의 노래 가사의 또 다른 은유적 표현의 일부를 인용해 보고자 한다.

사랑한다는 건, 시간을 훔치는 것.
사랑한다는 건, 살아 숨쉬는 것 그리고 화산처럼 타오르는 것.
사랑한다는 것, 그보다 더 위대한 건 없네.
사랑한다는 건, 밤을 불태우는 것.
사랑한다는 건, 대가를 치루는 것. 삶의 의미를 깨닫는 것.
사랑한다는 건, 밤을 불태우는 것.
사랑한다는 것, 그보다 더 아름다운 건 없네.
사랑한다는 건, 높이 날아 올라 새들의 날개에 닿는 것.
사랑한다는 것, 그 보다 더 아름다운 건 없네.
사랑한다는 건....

My Heart Will Go On

Sung by Celine Dion

Every night in my dreams
I see you, I feel you,
That is how I know you go on

Far across the distance
And spaces between us
You have come to show you go on

Near, far, wherever you are
I believe that the heart does go on
Once more you open the door
And you're here in my heart
And my heart will go on and on

Love can touch us one time
And last for a lifetime
And never let go till we're gone

Love was when I loved you
One true time I'd hold to
In my life we'll always go on

Near, far, wherever you are
I believe that the heart does go on
Once more you open the door
And you're here in my heart
And my heart will go on and on

You're here, there's nothing I fear
And I know that my heart will go on
We'll stay forever this way
You are safe in my heart
And my heart will go on and on

내 마음은 한결 같이 그대를 향할 겁니다

셀린 디온의 노래

매일 밤 내 꿈속에서
난 당신을 봅니다. 난 당신을 느낍니다
그게 내가 알고 있는 그대가 살아가는 모습입니다

우리 사이의 먼 거리와
공간을 가로질러
당신이 살아가는 모습을 보여주려고 왔습니다

가까이든, 멀리든, 당신이 어디에 있든지간에
그 마음은 변함이 없음을 나는 믿고 있어요
한 번 더 당신은 문을 열고
그리고 여기 내 마음속에 자리하고 있군요.
그리고 내 마음은 한결 같이 그대를 향할 겁니다

한때 우리 마음을 감동시킬 수 있고
그리고 평생 동안 지속될 수 있어요
그리고 우리가 하나가 될 때까지 결코 떠나지 말아요

내가 당신을 사랑했던 때가 진정한 사랑이었어요
지금도 내가 소중히 간직하는 진실한 시간
내 일생을 통해 우리는 언제나 함께 할 것입니다

가까이든, 멀리든, 당신이 어디에 있든지간에
그 마음은 변함이 없음을 나는 믿고 있어요
한 번 더 당신은 문을 열고
그리고 여기 내 마음속에 자리잡고 있어요.
그리고 내 마음은 한결 같이 그대를 향할 겁니다

당신은 여기에 있으니, 내가 두려워할 것이 없어요
그리고 내 마음은 한결 같으리라는 걸 난 알아요
우린 이런 식으로 영원히 머무를 거예요
당신은 내 마음속에 안전하게 자리잡고 있어요
그리고 내 마음은 한결 같이 그대를 향할 겁니다

* 영어 발음 제대로 듣거나 말하기

1) 이어지는 소리(연음)의 경우

(1) 약모음 이동

Fa**r a**cross, fo**r a**

Fa**r a**cross에서 across의 a가 약모음 [ə]가 되어 앞 낱말 끝부분에 가서 붙어 '화러 크로스'에 가깝게 발음된다. fo**r a**에서 a가 약모음 [ə]가 되어 앞 낱말 끝부분에 가서 붙어 '훠러'에 가깝게 발음된다.

(2) 자음 이동

nigh**t i**n, An**d I**, hear**t a**nd

nigh**t i**n에서 night의 자음 t가 뒤에 있는 낱말 앞부분에 가서 붙어 '나이 틴'으로 발음된다. An**d I**에서 And의 자음 d가 뒤에 있는 낱말 앞부분에 가서 붙어 '앤 다이'로 발음된다. hear**t a**nd에서 heart의 자음 t가 뒤에 있는 낱말 앞부분에 가서 붙어 '하 텐'으로 발음된다.

2) 없어지는 소리(탈락)의 경우

An**d** spaces, tha**t** the, hear**t** does, An**d** you're, hear**t** will, An**d** last, An**d** never, hol**d** to

An**d** spaces에서 And의 d는 자음 n과 spaces의 자음 s 사이에 놓이기 때문에 탈락되어 '앤 스페이시스'로 발음된다. 이와 같이 자음과 자음 사이에 놓이는 여섯 개의 파열음인 철자—k/g, p/b, t/d—사이에 놓여 탈락되는 예로 An**d** you're, hear**t** will, An**d** last와 An**d** never가 해당된다.

tha**t** the에서 that에서 t와 the의 th- 발음 [ð]와 발음이 비슷하기 때문에 앞의 t가 탈락되어 '대 더'에 가깝게 발음된다.

hear**t** does에서 heart의 t와 does의 d는 최소쌍(minimal pair)으로 같은 위치에서

소리가 나기 때문에 앞의 t가 탈락되어 '하 더즈'로 발음된다.

hol**d** to에서 hold의 d와 to의 t는 최소쌍(minimal pair)으로 같은 위치에서 소리가 나기 때문에 앞의 d가 탈락되어 '홀 터'로 발음된다.

3) 줄어진 소리(축약)의 경우

you**'re**, I**'d**, we**'ll**, there**'s**

동사의 경우인 you**'re**와 there**'s**, 도우미동사(조동사)의 경우인 I**'d**와 we**'ll**이 있다. 이 가운데 we**'ll**에서 'll이 한국인이 발음하기에 가장 힘든 예이다. 그 이유는 'll은 will의 줄인 형태인데 'll'이 한국어에 없는 발음으로, 'l'은 혀를 입천장에 붙여서 소리를 내야 하는데, 한국어에는 이렇게 소리를 내는 것이 없기 때문이다.

4) 주의해야 할 발음

dreams, **wh**erever, **wh**en, **tr**ue, **st**ay

dreams에서 'dr~'의 발음은 '드__'와 '주'의 중간쯤 되는 소리로 '쥬'에 가깝게 발음된다. dreams는 '드림즈'라기 보다 '쥬림즈'에 가깝게 발음된다.

wherever와 **wh**en에서 wh~로 시작되는 낱말은 'w'뒤에 있는 'h'의 소리가 보통 들리지 않는다. 그러니까 wherever은 '훼어에브'이라기 보다 '웨어에브'에 가깝게, when은 '휀'이라기 보다 '웬'에 가깝게 발음된다. 그러나 사람과 관련된 who, whose, whom은 예외로 'h'의 소리가 그대로 난다.

true에서 'tr~'의 발음은 '츠___'와 '추'의 중간쯤 되는 소리로 '츄'에 가깝게 발음된다. true는 '트루'라기 보다 '츄루'에 가깝게 발음된다.

stay에서 s+k/p/t가 되면 된소리에 가깝게 소리가 난다. 대부분 k/p/t가 들어간 낱말은 h가 들어가는 소리를 내게 되는데, s+k/p/t의 경우는 h 소리가 들어가지 않고 된소리에 가깝게 발음된다. 그러니까 stay는 '스테이'라기 보다 '스떼이'에 가깝게 발음된다.

* 팝송에 들어 있는 쓸모 있는 영어 표현들

1. That is how I know you go on: **go on**은 1) '(공연을) 시작하다; (무대에) 나오다', 2) '들어가다', 3) '(불 · 전기 등이) 들어오다', 4) '(부정문 · 의문문에 쓰여) ~을[를] (판단 · 의견의) 근거로 삼다', 5) '(~에 대해) 말[불평]을 늘어놓다', 6) '가다, 먼저[앞서] 가다', 7) '이어지다, 지속되다, 계속되다', 8) '(시간이) 흐르다', 9) '일어나다[벌어지다]와 10) '(~을[를]) 계속하다, 끊임없이 계속해서 나아가다'라는 뜻으로 쓰인다. 이 노래에서는 10)의 뜻이 약간 비유적으로 쓰이고 있다. 그러니까 you go on은 글자 그대로 '당신이 계속해서 나아가다'는 '당신이 계속 살아가다'고 이해할 수 있다.

1)의 예문들은 다음과 같다.

She doesn't **go on** until Act 2.
(그녀는 이 막이 되어야 나온다.)

He is dying to go on the stage.
(그는 몹시 배우가 되고 싶어 한다.)

The new models will go on sale next week.
(신 모델들은 다음 주부터 판매에 들어갈 것이다.)

2)의 예문들은 다음과 같다.

I **go on** watch in an hour.
(난 한 시간 있다가 불침번을 서러 간다.)

Cole went on in place of Beckham just before half-time.
(전반전 종료 직전에 콜이 베컴 대신에 들어갔다.)

She stood in the wings and waited for her cue to go on.
(그녀는 무대 옆 부분에 서서 들어가라는 신호가 떨어지기를 기다렸다.)

3)의 예문들은 다음과 같다.

Suddenly all the lights **went on**.

(갑자기 모든 전등에 불이 들어왔다.)

The lights went on as darkness gathered.

(어두워지면서 불이 켜졌다.)

As the actors exited the stage the lights went on.

(배우들이 무대에서 퇴장하자 불이 켜졌다.)

4)의 예문들은 다음과 같다.

We didn't have much to **go on**.

(우리는 근거로 삼을 만한 것이 별로 없었다.)

We really didn't have much to go on.

(우리는 정말로 근거로 삼을 만한 것이 별로 없었다.)

The police don't have much to go on.

(경찰에서 근거로 삼을 만한 것이 별로 없다.)

5)의 예문들은 다음과 같다.

All right, don't **go on** about it.

(알겠어, 그것에 관해 불평을 늘어놓지 마라.)

Please, don't go on about her again tonight.

(제발, 오늘 저녁 그녀에 대해 또 다시 불평을 늘어놓지 말아라.)

He went on and on about how poor he was.

(그는 자기가 얼마나 가난한지에 대해 끝도 없이 불평을 늘어놓았다.)

6)의 예문들은 다음과 같다.

He's far too young to **go on** his own.

(그는 혼자 가기엔 너무 어리다.)

I'd love to go on a round-the-world cruise.

(난 세계 일주 유람선 여행을 가고 싶다.)

You go on ahead—I'll catch you up in a few minutes.

(너 먼저 가. 내가 곧 따라갈게.)

7)의 예문들은 다음과 같다.

Let's **go on** to the next item on the agenda.

(다음 안건으로 넘어가기로 하죠.)

This situation can't go on. We need to talk.

(이런 상황이 계속될 수는 없어요. 우린 대화가 필요해요.)

How much longer will this hot weather go on for?

(이렇게 더운 날씨가 얼마나 더 오래 계속될까?)

8)의 예문들은 다음과 같다.

As time **goes on**, his passion foamed off.

(시간이 흐름에 따라, 그의 열정이 헛되이 사라져버렸다.)

She became more and more talkative as the evening went on.

(저녁 시간이 흘러갈수록 그녀는 점점 더 말이 많아졌다.)

The group were getting louder and louder and laughing more and more as the afternoon went on.

(오후 시간이 흘러갈수록 그 무리는 점점 더 소리가 커지고 점점 더 많이 웃고 있었다.)

9)의 예문들은 다음과 같다.

What's **going on** here?

(여기는 무슨 일이 벌어지고 있는 거지?)

Hello, hello, what's going on here?

(이런, 이런, 여기 무슨 일이 벌어지고 있는 거야?)

We're trying to fathom out what's going on.

(우리는 무슨 일이 일어나고 있는지 가늠하려고 노력하는 중이다.)

10)의 예문들은 다음과 같다.

She hesitated for a moment and then **went on**.

(그녀가 잠깐 망설이더니 말을 계속했다.)

"Well, go on," said Camilla, her voice fairly steady.

("그래, 계속해."라고 카밀러는 꽤 침착한 목소리로 말했다.)

"We do tune our guitars before we go on," he insisted.

("우리는 계속하기 전에 반드시 기타를 조율한다."라고 그가 고집했다.)

2. And my heart will go on and on: **go on**은의 다양한 뜻은 바로 위 1의 go on에 자세히 설명이 되어 있다. 여기서 my heart will go on and on은 글자 그대로 '내 마음을 끝도 없이 계속될 것입니다'라는 것은 '당신을 향한 내 마음[사랑]은 계속 이어져 나갈 것입니다'라고 이해하면 될 것이다.

3. Love can touch us one time: touch는 명사로 '촉각, 촉감, 만지기, 손길, (마무리) 손질, (일을 하는 방식에 따른) 느낌, 솜씨, 기미, 흔적'등 다양하게 쓰인다. **touch**는 동사로 1) '(손 등으로) 만지다[건드리다], (손 등을) 대다', 2) '(둘 이상의 사물·표면 등이) 닿다, 접촉하다', 3) '(손상·해가 가게) 손대다'와 5) '마음을 움직이다, 감동시키다'등으로 쓰인다. 이 노래에서는 5)의 뜻으로 쓰이고 있다. 5)의 뜻으로 쓰이고 있는 예문들은 다음과 같다.

Her story **touched** us all deeply.
(그녀의 이야기는 우리 모두에게 깊은 감동을 주었다.)

This story has touched me in many ways but mostly sadness and anger.
(이 이야기는 여러 가지 면에서 나에게 감동을 주었지만 대부분 슬픔과 분노였다.)

You know, Alan, this story touches me almost on kind of a personal level.
(아시다시피, 앨런, 이 이야기는 약간의 개인적인 차원에서 거의 나를 감동시킨다.)

4. And never let go till we're gone: **let go**는 let sb go로 쓰여 1) '~를[을] 풀어주다[석방하다], 가게 내버려 두다'와 2) '~를[을] 해고하다'로, let sb/st go로 쓰여 3) '(손으로 잡고 있던 것을) 놓다'와 4) '(생각 · 태도 · 장악하고 있던 것을) 버리다[포기 하다]'와 let sth go로 쓰여 5) '(집 · 정원 등을 돌보는 것을) 그만두다'라는 뜻으로 쓰인다. 이 노래에서는 1)의 뜻으로 쓰이고 있다.

1)의 예문들은 다음과 같다.

Please **let** me **go**.
(제발 나 좀 가게 해줘.)

You just have to let go of him.

(당신은 그냥 그를 보내줘야 해.)

No matter what happens, don't let go.

(무슨 일이 생긴다 하더라도 보내지 마라.)

2)의 예문들은 다음과 같다.

Business was slack and many employees were **let go**.

(불경기 탓으로 많은 종업원들이 해고됐다.)

Hearing the words "you've been let go" is never easy.

("당신은 해고 됐습니다"는 말을 듣는 것은 결코 쉽지 않습니다.)

They're having to let 100 employees go because of falling profits.

(그들이 수익 감소 때문에 백 명의 직원을 해고해야 할 것이다.)

3)의 예문들은 다음과 같다.

Let go of my hand.

(손 좀 놓아 주시오.)

Don't let go of the rope.

(줄을 놓아서는 안 돼.)

Let go! You're hurting me!

((이 손) 놔! 아프단 말이야!)

4)의 예문들은 다음과 같다.

It's time to **let** the past **go**.

(이제 과거는 버려야 할 때이다.)

It's time to let go of the past.

(이제 과거는 버려야 할 때이다.)

I let go of the hate, the rage and the envy.

(나는 미움과 노여움 그리고 부러움도 버렸다.)

5)의 예문은 다음과 같다.

I'm afraid I've **let** the garden **go** this year.

(올해는 정원 가꾸는 일을 그만두어야 할 것 같다.)

5. Love was when I loved you: **Love was when I loved you**는 글자 그대로 옮기면 '사랑은 내가 당신을 사랑했던 때였다'이다. 이것을 약간 비유적으로 표현하면 '과거 내가 당신을 했던 때가 진정한 의미의 사랑이었다'고 이해할 수 있다.

6. One true time I hold to: **hold to**는 1) '…을[를] 유지하다', 2) '…을[를] 지키게 하다', 3) '…을[를] 지키다[고수하다]'와 4) hold sth to sth으로 쓰여 '어떤 물건을 어떤 물건 가까이 두다'라는 뜻으로 쓰인다. 이 노래에서는 3)의 뜻으로 쓰이고 있다.

1)의 예문들은 다음과 같다.

Hold to your resolution.

(결심을 유지하도록 하시오.)

I believe he will hold to his convictions.

(나는 그가 신념을 지니고 나가리라 믿습니다.)

2)의 예문들은 다음과 같다.

3)의 예문들은 다음과 같다.

I **hold to** be in a line.

(나는 내 줄을 지켰다.)

In all things he must hold to the golden mean.

(모든 점에서 그는 반드시 중용을 지켜야 한다.)

Will the president be able to hold to this commitment?

(대통령이 이 약속을 지킬 수 있을 것인가?)

4)의 예문들은 다음과 같다.

He **held** a knife **to** her throat.

(그는 칼을 그녀의 목에 들이대었다.)

기억할 만한 영어 문장

1. Love was when I loved you.

   (내가 당신을 사랑했던 때가 진정한 사랑이었어요.)

2. Every night in my dreams I see you, I feel you.

   (매일 밤 꿈속에서 난 당신을 봅니다. 당신을 느낍니다.)

3. Love can touch us one time and last for a lifetime.

   (한때 우리 마음을 감동시킬 수 있고 그리고 평생동안 지속될 수 있어요.)

* 팝송 에세이

진정으로 사랑을 하게 되면 모든 것이 사랑의 세계 속으로 빠져 들어갈 것이다. 일상생활에도 사랑의 기운이 나타날 것이고 심지어 꿈속에서도 나타나서 사랑하는 대상이 보이고 러브 스토리가 만들어지고 있음을 보게 될 것이다. 이것은 사랑하는 당사자들의 온갖 삶에 깊숙이 스며들어 있다고 볼 수 있다. "가까이든, 멀리든, 당신이 어디에 있든지간에 / 그 마음은 변함이 없음을 나는 믿고 있어요 / 한 번 더 당신은 문을 열고 / 그리고 여기 내 마음속에 자리하고 있군요 / 그리고 내 마음은 한결 같이 그대를 향할 겁니다"에서 알 수 있듯이 공간과 시간에 크게 상관이 없이 달려가 사랑을 나눌 수 있을 것이다. 시간과 공간을 초월하여 사랑하는 마음은 변함이 없이 상대방의 마음속에 늘 자리를 잡고 있을 것이다.

"내가 당신을 사랑했던 때가 진정한 사랑이었어요 / 지금도 내가 소중히 간직하는 진실한 시간 / 내 일생을 통해 우리는 언제나 함께 할 것입니다"라며 과거에 사랑했던 소중한 시간의 가치를 여전히 갖고 있다. 사랑하는 대상과 세계에 대해 긍정적인 태도를 가지면 자기 자신뿐만 아니라 사랑하는 사람에 대해서도 있는 그대로 받아들이고 마음으로나마 지지할 수 있으면 사랑의 가치는 더 높아질 것이다.

사랑하는 사람에 대한 믿음이 강하면 강할수록 사랑의 강도는 더 높아질 것이다. 외견상으로 강렬한 기운이 나타나지 않을지 모르지만 마음속 깊이 간직하고 있는 신뢰감은 사랑의 온도를 계속 높여갈 것이고, 가식이 없는 사랑의 알맹이를 차츰 차츰 익어가게 할 것이다. 진실되게 사랑하게 된다면 존단(John Donne)의 "좋은 아침"(The Good-morrow)이란 시의 마지막 연의 다음을 떠올리게 한다.

> 그대의 눈망울에 비친 나의 얼굴, 나의 눈망울에 비친 그대의 얼굴이 나타나고 있어요.
> 그리고 참되고 순수한 마음이 그 얼굴 속에 깃들어 있어요.
> 매서운 북쪽도, 해가 지는 서쪽도 없는

어디에서 이보다 더 낳은 반쪽을 찾을 수 있을까요?
죽는 것은 무엇이나 똑같이 혼합되지 못한다 할지라도
만약 우리 두 사람의 사랑이 하나이면, 그대와 나의
사랑이 식지 않고 사라지지 않으면 사랑은 영원하리라.

★ 덧붙이는 글 ★
영화 『타이타닉』(*Titanic*)(1997)의 오리지널 사운드 트랙(OST)이다.

Because You Loved Me

Sung by Celine Dion

For all those times you stood by me
For all the truth that you made me see
For all the joy you brought to my life
For all the wrong that you made right
For every dream you made come true
For all the love I found in you
I'll be forever thankful, baby
You're the one who held me up
Never let me fall
You're the one who saw me through through it all

You were my strength when I was weak
You were my voice when I couldn't speak
You were my eyes when I couldn't see
You saw the best there was in me
Lifted me up when I couldn't reach
You gave me faith 'cause you believed
I'm everything I am
Because you loved me

You gave me wings and made me fly
You touched my hand I could touch the sky
I lost my faith, you gave it back to me
You said no star was out of reach
You stood by me and I stood tall
I had your love I had it all
I'm grateful for each day you gave me
Maybe I don't know that much
But I know this much is true
I was blessed because I was loved by you
You were my strength when I was weak
You were my voice when I couldn't speak
You were my eyes when I couldn't see

You saw the best there was in me
Lifted me up when I couldn't reach
You gave me faith 'coz you believed
I'm everything I am
Because you loved me

You were always there for me
The tender wind that carried me
A light in the dark shining your love into my life
You've been my inspiration
Through the lies you were the truth
My world is a better place because of you

You were my strength when I was weak
You were my voice when I couldn't speak
You were my eyes when I couldn't see
You saw the best there was in me
Lifted me up when I couldn't reach
You gave me faith 'cause you believed
I'm everything I am
Because you loved me

You were my strength when I was weak
You were my voice when I couldn't speak
You were my eyes when I couldn't see
You saw the best there was in me
Lifted me up when I couldn't reach
You gave me faith 'cause you believed
I'm everything I am
Because you loved me

I'm everything I am
Because you loved me woh woh

I'm everything I am
Because you loved me

당신이 날 사랑했기 때문에

서린 디언의 노래

당신은 언제나 내 곁을 지켜준 시간에 대해
당신이 나로 하여금 진실을 보게 해 준데 대해
당신은 내 인생에 가져다 준 모든 기쁨에 대해
당신이 내 모든 잘못을 바로 잡아 준데 대해
당신이 꾼 모든 꿈이 실현된 데 대해
내가 당신에게서 찾은 모든 사랑에 대해
그대여, 난 영원토록 당신께 감사드릴 거예요
당신은 날 떠받쳐준 사람이에요
결코 내가 쓰러지지 않게 해 주세요
당신은 계속 지켜주고 도와준 사람이에요

내가 약해졌을 때 당신은 나의 힘이었고
내가 말할 수 없었을 때 당신은 내 목소리였고
내가 볼 수 없었을 때 당신은 나의 눈망울이었고
당신은 내 안에 있는 최상의 것을 보았어요
내가 닿을 수 없을 때 나를 높은 곳으로 올려 주었어요
당신이 믿고 있었기 때문에 당신은 내게 믿음을 주었어요
당신이 나를 사랑했기에
오늘의 온전한 내가 있게 된 거죠

당신은 내게 날개를 주어서 내가 날도록 해주었고
당신이 내 손을 잡아서 나는 하늘에 닿을 수 있었어요
내가 믿음을 잃었는데, 당신은 나에게 믿음을 되찾아 주었어요
어떤 별도 도달할 수 없는 것은 없다고 당신이 말했어요
당신이 날 지켜주었기에 난 당당했어요
당신의 사랑을 받았기에 난 세상 전부를 가졌어요
당신이 저와 함께 한 모든 날들에 감사드려요
아마도 그렇게 많은 부분을 알지 못하지만
난 많은 부분이 진실하다는 것을 알아요
당신에게 사랑을 받았기에 난 행복했어요

내가 약해졌을 때 당신은 나의 힘이었고
내가 말할 수 없었을 때 당신은 내 목소리였고
내가 볼 수 없었을 때 당신은 나의 눈망울이었고
당신은 내 안에 있는 최상의 것을 보았어요
내가 닿을 수 없을 때 나를 높은 곳으로 올려 주었어요
당신이 믿고 있었기 때문에 당신은 내게 믿음을 주었어요

당신이 나를 사랑했기에
오늘의 온전한 내가 있게 된 거죠

당신은 언제나 나를 위해 내 곁에 있어 주었어요
나에게 다가온 다정한 바람
내 인생에 당신의 사랑이 빛나서 어둠 속의 한 줄기 빛이고
당신은 나에게 영감을 주는 사람이에요
거짓말을 하는데도 당신은 진실했어요
내가 사는 세상은 당신 때문에 더 나은 곳이에요

내가 약해졌을 때 당신은 나의 힘이었고
내가 말할 수 없었을 때 당신은 내 목소리였고
내가 볼 수 없었을 때 당신은 나의 눈망울이었고
당신은 내 안에 있는 최상의 것을 보았어요
내가 닿을 수 없을 때 나를 높은 곳으로 올려 주었어요
당신이 믿고 있었기 때문에 당신은 내게 믿음을 주었어요
당신이 나를 사랑했기에
오늘의 온전한 내가 있게 된 거죠

내가 약해질 때 힘을 주었고
내가 말 못할 때면 내 마음을 대변해 주었고
내가 볼 수 없을 땐 나의 눈이 되어 주었어요
당신은 내 안에 있는 최고의 모습을 찾아 주었어요
내가 닿지 못한 그곳에 나를 올려 주었어요
당신의 믿음은 내게 확신을 주었어요
당신이 나를 사랑했기에
오늘의 온전한 내가 있게 된 거죠

당신이 나를 사랑했기에
오늘의 온전한 내가 있게 된 거죠

* 영어 소리 제대로 이해하기

1) 이어지는 소리(연음)의 경우

(1) 약모음 이동

is a

is a에서 a가 약모음 [ə]가 되어 앞 낱말 끝부분에 가서 붙어 '이저'로 발음된다.

(2) 자음 이동

found in, when I, was in, gave it, had it, light in, because of

found in에서 found의 자음 d가 뒤에 있는 낱말 앞부분에 가서 붙어 '화운 딘'에 가깝게 발음된다. was in과 light in도 마찬가지 경우이다. when I에서 when의 자음 n이 뒤에 있는 낱말 앞부분에 가서 붙어 '웨 나이'로 발음된다. gave it에서 gave의 자음 v가 뒤에 있는 낱말 앞부분에 가서 붙어 '게이 빗'으로 발음된다. had it도 마찬가지 경우이다. because of에서 because의 끝에 있는 자음 s가 뒤에 있는 낱말 앞부분에 가서 붙어 '비코 저브'로 발음된다. because의 끝에 있는 모음 e는 약하게 발음되기 때문에 무시해도 될 정도이다. of는 기능어로 약하게 발음하기 때문에 [əv] 또는 [ə]로 발음된다.

2) 없어지는 소리(탈락)의 경우

brought to, held me, couldn't speak, couldn't see, best there, touched my, could touch, back to, don't know, wind that

brought to에서 brought의 t와 to의 t는 같은 철자로 겹쳐서 나오기 때문에

held me에서 held의 d는 자음 l과 me의 자음 m 사이에 놓이기 때문에 탈락되어 '헬 미'로 발음된다. 이와 같이 자음과 자음 사이에 놓이는 여섯 개의 파열음인 철자—k/g, p/b, t/d—사이에 놓여 탈락되는 예로 couldn't speak, couldn't see, back to와 don't know가 해당된다.

best there에서 best의 t와 there의 th-의 발음 [ð]와 비슷하여 앞의 t가 탈락되어 '베스

데어'에 가깝게 발음된다.

touched my에서 touched의 -ed 발음 [t]는 앞의 자음 h와 my의 자음 m 사이에 놓이는 파열음이 되어 탈락되어 '터치 마이'로 발음된다.

could touch에서 could의 d와 touch의 t는 최소쌍(minimal pair)으로 같은 위치에서 소리가 나기 때문에 앞의 d가 탈락되어 '쿠 터치'로 발음된다.

wind that에서 wind의 d와 that의 th-의 발음 [ð]와 비슷하여 앞의 d가 탈락되어 '윈댓'에 가깝게 발음된다.

3) 닮는 소리(동화)의 경우

out of, had your, better

out of에서 t가 강모음과 약모음 사이에 놓이면 단타음(單打音)으로 되어 t도, d도, r도 아닌 발음이 된다. out of는 '아우러브'에 가깝게 발음된다. 이 소리는 한글로 정확하게 표기할 수 없으며 오직 소리로만 익힐 수밖에 없다. 특히 미국영어(American English)에서 두드러진 현상이다. better도 마찬가지 경우이다.

had your에서 had의 d[d]와 your의 y[j]가 합쳐져 서로 닮아서 [ʤ]로 바뀌어 '해쥬어'에 가깝게 발음된다. 따라서 이런 현상은 영국영어(British English) 보다 미국영어(American English)에서 자주 나타나는 현상이다.

4) 줄어진 소리(축약)의 경우

I'll, You**'re**, could**n't**, **'c**ause, **'c**oz, I'**m**, do**n't**, You**'ve**

도우미동사(조동사)의 경우인 **I'll**, be 동사의 경우인 You'**re**와 I'**m**, 부정형인 could**n't**와 do**n't**, have 동사의 경우인 You'**ve**가 있다. 이 가운데 I'**ll**에서 'll이 한국인이 발음하기에 가장 힘든 예이다. 그 이유는 'll은 will의 줄인 형태인데 'll'이 한국어에 없는 발음으로, 'l'은 혀를 입천장에 붙여서 소리를 내야 하는데, 한국어에는 이렇게 소리를 내는 것이 없기 때문이다.

'cause와 **'c**oz는 because의 줄인 형태이다.

5) 주의해야 할 발음

truth, **dr**eam, **tr**ue

truth와 **tr**ue는 'tr~'의 발음은 '츠___'와 '추'의 중간쯤 되는 소리로 '츄'에 가깝게 발음된다. truth는 '트루스'라기 보다 '츄루스'에 가깝게, true는 '트루'라기 보다 '츄루'에 가깝게 발음된다.

dream에서 'dr~'의 발음은 '드__'와 '주'의 중간쯤 되는 소리로 '쥬'에 가깝게 발음된다. dream은 '드림'이라기 보다 '쥬림'에 가깝게 발음된다.

* 팝송에 들어 있는 쓸모 있는 영어 표현들

1. stood by: **stand by**는 1) '(방관 · 좌시하며) 가만히[그냥] 있다', 2) '대기하다', 3) '(어려운 상황에서도) ~의 곁을 지키다[~을 변함없이 지지하다]'와 4) '~을 고수하다 [계속 지키다]'라는 뜻으로 쓰인다. 3) stand by sb의 형식으로 쓰여 '(어려운 상황에서도) ~의 곁을 지키다[~을 변함없이 지지하다]'와 4) stand by sth의 형식으로 쓰여 '~을 고수하다[계속 지키다]'의 뜻으로 쓰이는 경우에는 쓰인다. 이 노래에서는 stand by me이기 때문에 3)의 뜻으로 쓰인다.

2. made me see: 강제성을 띠는 make의 과거 동사인 made 다음에 목적어가 오고 그 뒤에 오는 to 부정사에서 to가 생략되어 알몸동사(원형동사) see가 된다.

3. the wrong: **the wrong** 다음에 일반적으로 명사가 와서 쓰이는데, 여기서는 the wrong이 명사로 쓰여 '잘못된 행위[행동]'또는 '잘못된 짓'정도로 이해할 수 있다.

4. held me up: **hold sb/sth up**은 1) '(쓰러지지 않도록) ~을[를] 떠받치다', 2) '(~의 흐름[진행]을) 지연시키다[방해하다]'와 3) '(하나의 예로서) ~을[를] 들다[제시하다]'라는 뜻으로 쓰인다. 이 노래에서는 1)의 뜻으로 쓰이고 있다.

5. let me fall: 허락이나 허용을 하는 let 동사 다음에 목적어가 오고 그 뒤에 오는 to 부정사에서 to가 생략되어 알몸동사(원형동사) fall이 된다.

6. saw me through: **see through**는 1) see sb through로 쓰여 '(특정한 기간 동안) ~를[을] 도와[견디게 해] 주다/~가 ~을[를] 나도록[견디도록] 해 주다', 2) see sth through 형식으로 쓰여 '(포기하지 않고) ~을[를] 끝까지 해내다', 3) see through sb/sth 형식으로 쓰여 '~을[를] 간파하다', 4) '끝까지 지켜보다, 도와주다'(=assist, guide)와 5) '꿰뚫어 보다, 간파하다'라는 뜻으로 쓰인다.

7. the best: **the best** 다음에 주로 명사가 오지만, 이 노래에서는 the best가 명사로 쓰이고 있다. 이런 경우 the best는 '최상, 으뜸, 지존, 가장 뛰어난 것, 압권, 최고'라는 뜻을 갖고 있다.

8. 'cause: **'cause**는 because를 줄여 아포스트로피(')를 be 대신 붙여 전체를 발음하지 않고 'cause'만 발음하도록 하는 것이다. 팝송에서 자주 등장하는데 아마도 because가 이 음절이기 때문에 일 음절로 하여 노래에서 부드럽게 넘어가도록 하는 장치가 아닌가 생각된다. 이보다 더 짧게는 'coz'또는 'cos'라고 표시되는 경우도 있는데, 이것 역시 because인 것이다.

9. gave it back: **give back**은 1) give sb back sth 형식으로 쓰여 '(주인에게) ~을 돌려주다, ~을[를] 다시 가질 수 있게 해 주다'와 2) '돌려주다; 응수하다; 앙갚음하다'라는 뜻으로 쓰인다. 이 노래에서는 1)에서 '~을[를] 다시 가질 수 있게 해 주다'의 뜻으로 쓰이고 있다.

10. out of reach: **out of reach**는 '손이 닿지 않는 곳에, 힘이 미치지 않는 곳에'라는 뜻이다. 이 구가 들어 있는 다른 글의 예는 다음과 같다.

Victory is now **out of** her **reach**.
(승리는 이제 그녀의 손을 벗어났다.)

Promotion seemed out of reach for him.

(그가 승진하는 것은 무리인 것처럼 보였다.)

The branch was tantalizingly out of reach.

(그 나뭇가지는 감질나게 손이 닿지 않았다.)

11. stood tall: **stand tall**은 글자 그대로는 '우뚝 서있다'라는 뜻이지만, 비유적으로 표현하면 '자신만만해[당당해] 보이다'라는 뜻이다.

Another giant **stands tall** in Japan.

(또 다른 뛰어난 사람이 일본에서 우뚝 섰다.)

Go out into the real world and stand tall.

(현실 세계로 나가서 당당하게 행동해라.)

No matter what happens, no matter what is said, stand tall.

(무슨 일이 생긴다 해도 무슨 이야기를 들어도 당당하라.)

12. that much: that much에서 **that**는 한정어, 대명사나 접속사로 쓰이지 않고 부사로 쓰인 경우이다. 이 경우 '그렇게, 그만큼, 그 정도'라는 뜻으로 쓰인다. that이 부사로 쓰인 예문은 다음과 같다.

It's about **that** long.

(그것은 길이가 그 정도 돼.)

I can't walk that far.

(난 그렇게 멀리는 걸을 수 없어.)

There aren't that many people here.

(여기에 사람들이 그렇게 많지는 않다.)

기억할 만한 영어 문장

1. You were my strength when I was weak.

   (내가 약해졌을 때 당신은 나의 힘이었어요.)

2. I was blessed because I was loved by you.

   (당신에게 사랑을 받았기에 난 행복했어요.)

3. My world is a better place because of you.

   (내가 사는 세상은 당신 때문에 더 나은 곳이에요.)

* 팝송 에세이

사랑하는 사람에게 과거에 일어난 일에 대해 현재 감사하게 생각한다는 내용이다. 결론적으로 말하면 과거에 "당신이 나를 사랑했기에" 현재 즉, "오늘의 온전한 내가 있게 된 거죠"라는 곳에 도달할 수 있다는 것이다. 그래서 이 노래에서는 과거 시제와 현재 시제에 대한 구분이 되어야 이 노래의 의미를 더 잘 이해할 수 있다. 사람들이 상대방의 배려와 관심에 대해 공을 인정할 수 있는 마음을 가질 때 그 마음은 더 아름답게 느껴지는 것이다. 사랑하는 사이에 있어서도 이런 진실은 그대로 유효한 것으로 적용할 수 있을 것이다.

이 노래는 사랑의 교범을 보는듯한 생각이 들 정도이다. 항상 가까이에서 사랑하는 사람을 지켜주고, 거짓 보다 진실을 보게 해주고, 인생에 있어서 기쁨을 제공해주고, 잘못하는 경우에 그것을 바로 잡아주면서 "당신은 날 떠받쳐준 사람이에요 / 결코 내가 쓰러지지 않게 해 주세요 / 당신은 계속 지켜주고 도와준 사람이에요"라는 믿음으로 현재와 미래의 삶에 이르기까지 기대감은 나타낸다. 이것은 사랑이 자신의 욕심을 채우기 위한 행위가 아니라 상대방의 자아를 더 확장시켜주는 긍정적인 힘으로 작용하고 있음을 알 수 있다.

사랑하는 이는 나약했을 때 힘이 되어주었고, 제대로 말을 할 수 없을 때 목소리 역할을 해주었고, 올바르게 볼 수 없을 때 눈망울이 되어주면서 "당신은 내 안에 있는 최상의 것을 보았어요"라며 긍정적인 평가와 동시에 고마움을 표시한다. 상대방에 대한 주장이나 요구나 욕망의 실현이 아니라 상대방의 부족한 부분이나 상대방의 결핍된 부분을 보완해주거나 채워주는 역할이 사랑의 실천이라고 할 수 있다. 상대방의 결점을 들추어내는 것이 아니라 상대방의 장점이나 강점을 강조하면서 사랑관계를 이어가는 것은 상대방을 진정으로 믿고 도와주고 위하는 마음의 표현이라고 할 수 있다.

사랑을 통한 상호 보완 관계가 일반적이고 바람직한 사랑의 실천이다. 사랑을 제대로 받고 있다는 느낌을 제대로 확인할 수 있는 장치는 많을 것이다. 사랑이 불가능한 일을 가능하게 하는 것이 아니라 용기가 부족하든지 또는 의지가 부족하여 주저하고 있을 때 용기를 북돋아주고 신뢰해주고 자신감을 심어주었기 때문에 "당신이 날 지켜주었기에 난 당당했어요 / 당신의 사랑을 받았기에 난 세상 전부를 가졌어요"라고 감사의 뜻도 전하고 있다.

사랑은 자신을 사랑하는 사람에게 뽐내거나 내세우지 않는 것이다. 사랑은 길을 가다가 넘어지면 일으켜 세워주는 것이고, 얼굴을 찡그리고 힘들어하면 위로의 말 한마디 건네는 것이고, 단점 보다 장점을 찾아주는 것이고, 거짓말 보다 진실된 말을 많이 하는 것이고, 불신 보다 믿음을 심어주는 것이고, 가끔 사랑을 확인시켜주기 위해 손을 살짝 잡아주거나 입맞춤해주는 것이고, 슬퍼할 때 어루만져 그 슬픔을 줄여주는 것이고, 기쁜 일이 있을 때 함께 기뻐하면서 기쁨을 더 높여주는 것이다.

Forever Love

Sung by Gary Barlow

Love, it has so many beautiful faces
Sharing lives and sharing days

My love, it had so many empty spaces
I'm sharing a memory now
I hope that's how it stays

Now I'm deep inside love and still breathing
She is holding my heart in her hand
I'm the closest I've been to believing
This could be love forever

All throughout my life the reasons I've demanded
But how can I reason with the reason I'm a man

Oh, oh, yeah
Mmm, hmm

In a minute I'm needing to hold her
In an hour I'm cold, cold as stone
When she leaves it gets harder and harder to face life alone

Now my dreams are filled with times when we're together
Guess what I need from her is forever love

Ooh, oh, yeah
Whoa, whoa, ooh
Whoa, yeah
Now, ooh
Forever love
Ooh, oh, yeah

영원한 사랑

개리 바로우의 노래

사랑, 그건 너무 많은 아름다운 얼굴을 하고 있죠
서로의 인생과 하루하루를 나누며

나의 사랑, 그건 빈 공간이 너무 많았어요
지금은 하나의 추억을 나누고 있는데
난 늘 그럴 수 있길 바래요

이제 난 가슴속 깊은 사랑 안에 머물고 그 안에서 숨쉬고 있어요
그녀는 손으로 내 가슴을 껴안고 있어요
난 지금까지 있었던 가운데 가장 가까이 느껴진다고 믿어요
이건 영원한 사랑이 될 수 있을 거예요

내 삶 동안 내내 내가 요구해 온 이유들
하지만 내가 남자라는 이유로 어떻게 내가 추론할 수 있겠어요

오, 오, 그래요
음, 음

그러나 곧장 난 그녀를 안아야 해요
한 시간이 지나면 그녀는 차가워져요 돌처럼 차가워져요
그녀가 떠난 후에는 혼자만의 삶을 살아가기가 너무 힘들어요

이제 나의 꿈은 우리가 함께 있는 시간들로 가득 차 있어요.
그녀에게 필요한 건 영원한 사랑인가 봐요

오, 오, 그래요
오, 오, 오
오, 그래요
이제, 오
영원한 사랑
오, 오, 그래요

* 영어 발음 제대로 듣거나 말하기

1) 이어지는 소리(연음)의 경우

(1) 약모음 이동

sharing a, I'm a, In a, In an, life alone

sharing a에서 a가 약모음 [ə]가 되어 앞 낱말 끝부분에 가서 붙어 '셰어링어'로 발음된다. I'm a와 In a도 마찬가지 경우이다. In an에서 an의 a가 약모음 [ə]가 되어 앞 낱말 끝부분에 가서 붙어 '이넌'으로 발음된다. life alone에서 alone의 a가 약모음 [ə]가 되어 앞 낱말 끝부분에 가서 붙어 '라이퍼 론'으로 발음된다.

(2) 자음 이동

deep inside, reasons I've, cold as, leaves it

deep inside에서 deep의 자음 p가 뒤에 있는 낱말 앞부분에 가서 붙어 '디핀사이드'로 발음된다. reasons I've에서 reasons의 자음 s가 뒤에 있는 낱말 앞부분에 가서 붙어 '리전 자이브'로 발음된다. cold as에서 cold의 자음 d가 뒤에 있는 낱말 앞부분에 가서 붙어 '콜 더즈'로 발음된다. leaves it에서 leaves의 자음 s가 뒤에 있는 낱말 앞부분에 가서 붙어 '리버 짓'으로 발음된다.

2) 없어지는 소리(탈락)의 경우

has so, and sharing, empty, and still, could be, and harder, filled with, with times

has so에서 has의 s와 so의 s가 같은 철자이면서 겹쳐서 나오기 때문에 앞의 s가 탈락되어 '해 소우'로 발음된다.

and sharing에서 and의 d는 자음 n과 sharing의 자음 s 사이에 놓이기 때문에 탈락되어 '앤 셰어링'으로 발음된다. 이와 같이 자음과 자음 사이에 놓이는 여섯 개의 파열음인 철자—k/g, p/b, t/d—사이에 놓여 탈락되는 예로 empty, and still, could be와 and harder가 해당된다.

filled with에서 filled의 -ed 발음 [d]은 앞의 자음 ll과 with의 자음 w 사이에 놓이기 때문에 탈락되어 '휠 위드'에 가깝게 발음된다.

with times에서 with의 th- 발음 [ð]는 times의 t와 비슷한 발음이기 때문에 탈락되어 '위 타임즈'에 가깝게 발음된다.

3) 닮는 소리(동화)의 경우

beautiful, needing, what I

beautiful에서 t가 강모음과 약모음 사이에 놓이면 단타음(單打音)으로 되어 t도, d도, r도 아닌 발음이 된다. beautiful은 '비유리훌'에 가깝게 발음된다. 이 소리는 한글로 정확하게 표기할 수 없으며 오직 소리로만 익힐 수밖에 없다. 특히 미국영어(American English)에서 두드러진 현상이다. needing와 what I도 마찬가지 경우이다.

4) 줄어진 소리(축약)의 경우

I'm, that's, I've, we're

be 동사의 경우인 I'm, that's와 you're, have 동사의 경우인 I've가 있다.

5) 주의해야 할 발음

stays, can, When, dreams

stays에서 s+k/p/t가 되면 된소리에 가깝게 소리가 난다. 대부분 k/p/t가 들어간 낱말은 h가 들어가는 소리를 내게 되는데, s+k/p/t의 경우는 h 소리가 들어가지 않고 된소리에 가깝게 발음된다. 그러니까 stays는 '스테이즈'라기 보다 '스떼이wm'에 가깝게 발음된다.

can과 can't는 도우미동사로 기능낱말이기 때문에 약하게 발음한다. 그런데 can't 다음에 자음이 나오기 때문에 탈락되는 경우가 대부분이어서 can은 [kən]으로 can't는 [kæn]으로 발음하기로 약속이 되어 있다. 그런데 can이 문장 가운데 들어가는 경우가 [kən]으로 주로 발음되고 문장의 끝에 들어가는 경우에는 [kæn]으로 발음되는 경우가 대부분이다. can't는 기본적으로 [kæn]으로 발음되면서 can 보다 약간 길게 발음되는 경향이 있다.

When에서 wh~로 시작되는 낱말은 'w'뒤에 있는 'h'의 소리가 보통 들리지 않는다. 그러니까 When은 '휀'이라기 보다 '웬'에 가깝게 발음된다. 그러나 사람과 관련된 who, whose, whom은 예외로 'h'의 소리가 그대로 난다.

dreams에서 'dr~'의 발음은 '드_'와 '주'의 중간쯤 되는 소리로 '쥬'에 가깝게 발음된다. dreams는 '드림즈'라기 보다 '쥬림즈'에 가깝게 발음된다.

* 팝송에 들어 있는 쓸모 있는 영어 표현들

1. Sharing lives and sharing days: sharing lives and sharing days는 '함께 하는 삶과 함께 하는 나날들'을 일컫는다. 사랑을 할 때의 함께 하는 시간들을 통해 이루어진 삶의 모습들이라고 할 수 있다.

2. I hope that's how it stays: **stay**는 '계속[그대로] 있다[머무르다/남다], 머물다[지내다/묵다]'와 '특정한 상태나 상황이 유지되는 경우'에도 쓰인다. 이 노래에서는 후자의 뜻으로 쓰이고 있다. 후자로 쓰이는 예문들은 다음과 같다.

   I can't **stay** awake any longer.
   (나는 더 이상 깨어 있을 수가 없어.)

   He never stays angry for long.
   (그는 절대 화를 오래 내지 않는다.)

   The store stays open until late on Thursdays.
   (그 가게가 목요일에는 늦게까지 문을 연다.)

   how는 '어떻게, 어떠하여, 어떠하게, 얼마나, 정말'과 '(어떻게든) …하는 대로'라는 뜻으로 쓰인다. 이 노래에서는 후자의 뜻으로 쓰이고 있다. I hope that's how it stays는 추억이 지금까지 유지되어오는 대로 그대로 이어져가길 바란다는 뜻으로 이해할 수 있다.

3. Now I'm deep inside love: **deep inside**는 '마음속 깊은, 내면적인, 아주 깊은, 깊숙한'(at heart, deep down, really)이란 뜻이다. 예문들은 다음과 같다.

We can only feel it **deep inside** our heart.
(우리는 그저 가슴 깊은 곳을 통해 느끼게 되는 거예요.)

She then noticed something shimmering deep inside water.
(그녀는 바다 깊은 곳에서 무언가 희미하게 빛나는 것을 발견했다.)

But deep inside, he always had the desire for music, and finally, he decided to make his way in music.
(하지만 깊은 마음속에, 그는 언제나 음악에 대한 바램이 있었고, 마침내 그는 음악의 길을 가고자 결심했다.)

4. All throughout my life the reasons I' ve demanded: all은 '모든, 최대한의, 한 가지로만 이뤄진[듯한], 온통 …인, 어느 …도'라는 뜻으로 쓰인다. 그리고 **all**은 단수명사와 함께 쓰여 그 기간 내내 어떤 일이 계속됨을 나타낼 때 쓰인다. 이 노래에서는 후자의 뜻으로 쓰이고 있다. 후자의 뜻으로 쓰이는 예문들은 다음과 같다.

He's worked hard **all** year.
(그는 일 년 내내 열심히 일했다.)

She was unemployed for all that time.
(그녀는 그 기간 동안 내내 실직 상태였다.)

All he could do was lie down in the pasture all day long.
(그가 할 수 있는 것은 하루 종일 목초지에 누워있는 것뿐이었다.)

throughout는 1) '도처에'와 2) '…동안 죽, 내내'라는 뜻으로 쓰인다. 이 노래에서는 2)의 뜻으로 쓰이고 있다.

1)의 예문들은 다음과 같다.

The crime sent shock waves **throughout** the country.
(그 범행은 전국을 충격으로 몰아넣었다.)
This is happening in every school throughout the country.
(이는 전국의 모든 학교에서 일어나고 있다.)
They export their products to markets throughout the world.
(그들은 전 세계 도처에 있는 시장으로 상품을 수출한다.)

2)의 예문들은 다음과 같다.

There was continuous firing **throughout** the night.
(밤새 총질[포격]이 계속되었다.)
The school runs cookery classes throughout the year.
(그 학교는 연중 요리 수업을 진행한다.)
Throughout his years in prison, he fought to clear his name.
(그는 교도소에 있는 세월 내내 누명을 벗기 위해 싸웠다.)

5. In a minute I'm needing to hold her: **in a minute**는 '즉각, 당장, 곧, 즉시, 금방'이란 뜻으로 쓰인다. 예문들은 다음과 같다.

Right, I'll be back **in a minute**.
(그럼, 내가 금방 돌아올게.)
I'll be with you in a minute, Jo.
(내가 금방 (네게) 갈게, 조.)
I'll be down in a minute. I'm doing my hair.
(나 곧 내려갈게. 머리를 손질하고 있는 중이야.)

need가 주된 동사로 쓰일 경우 '(…을) 필요로 하다, (필수적이거나 아주 중요하므로) …해야 한다, (반드시) …해야 한다'라는 뜻으로 쓰인다.

How much water do you need?
(물이 얼마나 필요하세요?)
Mum, I need a number two.
(엄마, 나 응가 하고 싶어.)
At work you need to be able to concentrate.
(일할 때는 집중할 수 있어야 해.)

6. In an hour I'm cold, cold as stone: (as) **cold**[hard] **as** (a) **stone**은 '돌처럼 차가운[단단한, 무정한]'이란 뜻으로 쓰인다. 이것은 비유법 가운데 직유법으로 '~처럼, ~같이'로 옮겨진다. 이런 예문들은 다음과 같다.

His hair was **as white as snow**.
(그의 머리는 눈처럼 새하얬다.)
The road continues as straight as an arrow.
(그 길은 화살처럼 계속 쭉 뻗어 있다.)
The boys were as good as gold on our walk.
(우리가 산책할 때 그 소년들은 매우 얌전했다.)

7. Now my dreams are filled with times when we're together: **be filled with**는 '~로 가득차다'라는 뜻으로 쓰인다. 예문들은 다음과 같다.

The car **is being filled with** fuel.
(그 승용차에 연료를 채우고 있다.)
The forest was filled with the sound of running water.
(그 숲은 흐르는 물소리로 가득찼었다.)
I hope the new year will be filled with happiness and joy.
(새해가 행복과 기쁨으로 가득하기를 내가 바랄게.)

times는 time의 복수형으로 1) '[역사적인] 시대[시기]'로 많이 쓰인다. 그런데 이 노래에서는 함께 있었던 개별적인 시간의 복수로 보아야 한다. 그 외에 times는 2) '…으로 곱한', 3) '…배(倍)가 되는'와 4) '…번'이란 뜻으로도 쓰인다.

1)의 예문들은 다음과 같다.

These are trying **times** for all of us.
(지금은 우리 모두에게 괴로운 시기이다.)
The college dates back to medieval times.
(그 대학은 역사가 중세까지 거슬러 올라간다.)
We'll be alone together, just like old times.
(꼭 옛날처럼 우리만 함께 있을 거야.)

2)의 예문들은 다음과 같다.

How much is four **times** six?
(사 곱하기 육은 몇이지?)
Five times two is / equals ten.
(오 곱하기 이는 십이다.)
How much is three times five?
(삼 곱하기 오는 얼마입니까?)

3)의 예문들은 다음과 같다.

This is nearly three **times** that of last year's rainfall.
(이것은 지난해 강우량의 거의 세 배이다.)
The new planet is about ten times the size of the earth.
(새로 발견된 행성은 지구의 약 열 배 크기이다.)
Durham had garnered three times as many votes as Carey.
(더럼은 캐리보다 세 배나 많은 표를 얻어냈다.)

4)의 예문들은 다음과 같다.

I've been there quite a few **times**.
(나는 거기에 상당히 여러 번 가 봤다.)
He rubbed his hands together a few times.
(그가 두 손을 몇 번 비벼 댔다.)
He's been in the dock several times already.
(그는 이미 몇 차례 (범법 행위로) 재판을 받았다.)

기억할 만한 영어 문장

1. Love has so many beautiful faces.
   (사랑은 너무 많은 아름다운 얼굴을 하고 있어요.)
2. In a minute I'm needing to hold her.
   (잠시 후 난 그녀를 안아야 해요.)
3. My dreams are filled with times when we're together.
   (나의 꿈은 우리가 함께 있는 시간들로 가득 차 있어요.)

* 팝송 에세이

이 노래는 사랑의 여러 가지 모습을 먼저 이야기하고 있다. 사랑은 여러 가지 아름다운 얼굴과 텅 빈 많은 공간을 갖고 있다고 말한다. 그래서 자신의 가장 가까운 존재인 사랑하는 대상과 추억을 함께 나누고 싶어 하고 마음속 깊은 곳에 사랑을 간직하고 있기 때문에 영원한 사랑이 될 수 있으리란 믿음을 갖고 있다. 그 영원한 사랑이 바로 자신이 필요로 하는 것이라고 노래하고 있다.

사랑한다는 것은 그렇게 특별한 것이 아닌 것처럼 보일 수 있다. 그저 서로 가슴을 부둥켜안고 있는 것만으로도 가장 가까이 있다는 느낌만으로도 사랑이 확인되는 시간이기 때문에. 이 때가 "영원한 사랑이 될 수 있을"거라고 노래한다. 그러면서 동시에 혹시 그녀가 떠나지 않을까 두려워하는 마음은 "한 시간이 지나면 그녀는 차가워져요 돌처럼 차가워져요 / 그녀가 떠난 후에는 혼자만의 삶을 살아가기가 너무 힘들어요"에 그대로 드러난다. 꿈으로 생각되긴 하지만 둘이 함께 있는 시간들로 가득 차 있길 바라는데 그런 시간들이 연속된다면 어쩌면 '영원한 사랑'이 되지 않을까 하는 여운마저 남긴다.

사랑하는 관계에서 복잡한 사건들이 필요로 하는 것은 아닐 것이다. 가까이 함께 있는 것만으로도 아마 사랑은 확인될 수 있는 것이다. 함께 하는 시간이 길면 길수록 사랑의 시계도 쉬지 않고 계속 돌아갈 것이다. 함께 있으면서 상대방의 존재를 소유 가치가 아닌 존재 가치로 인정하게 되면 그 자체가 사랑의 실천의 중요한 출발점이 될 것이다. 이렇게 되면 상대방의 참모습을 알게 될 수 있는 가능성은 훨씬 더 높아질 것이다. 자신을 받아들이고 긍정하면서 자기 내면의 충만한 세계에 빠져있게 되면 사랑하는 사람에게도 그런 세계의 알찬 기운이 확장되고 사랑의 빛이 반짝반짝 빛날 것이다.

Un-Break My Heart

Sung by Toni Braxton

Don't leave me in all this pain
Don't leave me out in the rain
Come back and bring back my smile
Come and take these tears away

I need your arms to hold me now
The nights are so unkind
Bring back those nights when I held you beside me

Un-break my heart
Say you'll love me again
Undo this hurt you caused
When you walked out the door
And walked outta my life
Uncry these tears
I cried so many nights
Unbreak my heart,
My heart

Take back that sad word goodbye
Bring back the joy to my life
Don't leave me here with these tears
Come and kiss this pain away

I can't forget the day you left
Time is so unkind
And life is so cruel without you here beside me

Un-break my heart
Say you'll love me again

Undo this hurt you caused
When you walked out the door
And walked outta my life
Uncry these tears
I cried so many nights
Unbreak my heart,
My heart

Don't leave me in all this pain
Don't leave me out in the rain
Bring back the nights
When I held you beside me

Un-break my heart
Say you'll love me again
Undo this hurt you caused
When you walked out the door
And walked outta my life
Uncry these tears
I cried so many nights
Unbreak my heart, my heart

Unbreak my heart, oh baby
Come back and say you love me
Un-break my heart, sweet darling
Without you I just can't go on
Can't go on

내 마음을 아프게 하지 말아요

다니 브랙스턴의 노래

이렇게 날 고통에 빠뜨리고 떠나지 말아요
날 바깥에서 비를 맞도록 내버려 두고 떠나지 말아요
돌아와서 내 미소를 되돌려 주세요
와서 이 눈물을 거두어 주세요

지금 날 안아줄 당신의 품이 필요해요
밤은 정말 잔인하군요
내 곁에서 내가 당신을 안아 주던
그런 밤들을 되돌려 주세요

내 마음을 아프게 하지 말아요
당신이 날 다시 사랑한다고 말해 주세요
당신이 문밖으로 나갔을 때
당신이 내 삶에서도 빠져 나간 거예요
내게 준 상처를 치료해 주세요
눈물을 흘리면서 울지 않게 해주세요
난 수많은 밤을 울며 지샜어요
내 마음을 아프게 하지 말아요
내 마음을

나에게 안녕이란 그 슬픈 말을 거두어 주세요
내 삶에 기쁨을 다시 되돌려 주세요
날 여기서 울 게 해놓고 떠나지 말아요
와서 입맞춤으로 이 고통을 없애 주세요

난 당신이 떠난 날을 잊을 수가 없어요
여기 내 곁에 당신 없이는
시간은 너무도 힘들고
삶이 정말 비참해요

내 마음을 아프게 하지 말아요
당신이 날 다시 사랑한다고 말해 주세요
당신이 문밖으로 나갔을 때
당신이 내 삶에서도 빠져 나간 거예요
내게 준 상처를 치료해 주세요
눈물을 흘리면서 울지 않게 해주세요

난 수많은 밤을 울며 지샜어요
내 마음을 아프게 하지 말아요
내 마음을

이렇게 날 고통에 빠뜨리고 떠나지 말아요
날 바깥에서 비를 맞도록 내버려 두고 떠나지 말아요
내 곁에서 내가 당신을 안아 줄
그 밤들을 되돌려 주세요

내 마음을 아프게 하지 말아요
당신이 날 다시 사랑한다고 말해 주세요
당신이 문밖으로 나갔을 때
당신이 내 삶에서도 빠져 나간 거예요
내게 준 상처를 치료해 주세요
눈물을 흘리면서 울지 않게 해주세요
난 수많은 밤을 울며 지샜어요
내 마음을 아프게 하지 말아요
내 마음을

내 마음을 아프게 하지 말아요
당신이 날 다시 사랑한다고 말해 주세요
그대여. 내 마음을 아프게 하지 말아요
당신 없이 난 살아 갈 수 없어요
살아 갈 수 없어요

* 영어 발음 제대로 듣거나 말하기

1) 이어지는 소리(연결)의 경우

(1) 약모음 이동

tear**s a**way, m**e a**gain, pai**n a**way

tear**s a**way에서 away의 a가 약모음 [ə]가 되어 앞 낱말 끝부분에 가서 붙어 '티어저 웨이'로 발음된다. pain away도 마찬가지 경우이다. m**e a**gain에서 again의 a가 약모음 [ə]가 되어 앞 낱말 끝부분에 가서 붙어 '미어 겐'또는 '미어 게인'으로 발음된다. again은 미국영어)(American English)와 영국영어(British English)에서 발음이 다르다. 이것은 미국영어에서는 어겐[əgen]으로 발음되고, 영국영어에서는 어게인[əgein]으로 발음된다.

(2) 자음 이동

nigh**ts a**re, walk**ed o**ut

nigh**ts a**re에서 nights의 자음 ts가 뒤에 있는 낱말 앞부분에 가서 붙어 '나이 차에 가깝게 발음된다. walk**ed o**ut에서 worked의 -ed의 발음 [t]가 뒤에 있는 낱말 앞부분에 가서 붙어 '워커 타웃'으로 발음된다.

2) 없어지는 소리(탈락)의 경우

Don'**t** leave, hol**d** me, ou**t** the, wi**th** these, forge**t** the, **is** so

Don'**t** leave에서 Don't의 t는 자음 n과 leave의 자음 l 사이에 놓이기 때문에 탈락되어 '돈 리버'로 발음된다. 이와 같이 자음과 자음 사이에 놓이는 여섯 개의 파열음인 철자—k/g, p/b, t/d—사이에 놓여 탈락되는 예로 hol**d** me가 해당된다.

ou**t** the에서 out의 t와 the의 th- 발음 [ ]는 비슷하기 때문에 앞의 t가 탈락되어 '아우 더'에 가깝게 발음된다. forge**t** the도 마찬가지 경우이다.

wi**th** these에서 with의 th와 these의 th는 같고 겹쳐서 나오기 때문에 앞의 th는 탈락되어 '위 디즈'에 가깝게 들린다.

is so에서 is의 s와 so의 s는 같은 철자로 겹쳐서 나오기 때문에 앞의 s는 탈락되어 '이 소우'로 발음된다.

3) 닮는 소리(동화)의 경우

need your, held you, hurt you, outta, without you

need your에서 need의 d[d]와 your의 y[j]가 합쳐져 서로 닮아서 [ʤ]로 바뀌어 '니쥬어'에 가깝게 발음된다. 따라서 이런 현상은 영국영어(British English) 보다 미국영어(American English)에서 자주 나타나는 현상이다. held you도 마찬가지 경우이다. hurt you에서 hurt의 t[t]와 you의 y[j]가 합쳐져 서로 닮아서 [tʃ]로 바뀌어 '허츄'에 가깝게 발음된다. 따라서 이런 현상은 영국영어(British English) 보다 미국영어(American English)에서 자주 나타나는 현상이다. without you도 마찬가지 경우이다.

outta는 out of를 소리가 나는대로 표기한 것이다. out of는 '아우러브'에 가깝게 발음된다. of는 기능낱말이기 때문에 약하게 발음되기 때문에 [əv] 또는 [ə]로 발음된다.

4) 줄어진 소리(축약)의 경우

Don't, you'll, can't

부정형인 Don't와 can't, 도우미동사(조동사)의 경우인 you'll이 있다. 이 가운데 you'll에서 'll이 한국인이 발음하기에 가장 힘든 예이다. 그 이유는 'll은 will의 줄인 형태인데 'll'이 한국어에 없는 발음으로, 'l'은 혀를 입천장에 붙여서 소리를 내야 하는데, 한국어에는 이렇게 소리를 내는 것이 없기 때문이다.

5) 주의해야 할 발음

can't

can't와 can은 도우미동사로 기능낱말이기 때문에 약하게 발음한다. 그런데 can't

다음에 자음이 나오기 때문에 탈락되는 경우가 대부분이어서 can은 [kən]으로 can't는 [kæn]으로 발음하기로 약속이 되어 있다. 그런데 can이 문장 가운데 들어가는 경우가 [kən]으로 주로 발음되고 문장의 끝에 들어가는 경우에는 [kæn]으로 발음되는 경우가 대부분이다. can't는 기본적으로 [kæn]으로 발음되면서 can 보다 약간 길게 발음되는 경향이 있다.

* 팝송에 들어 있는 쓸모 있는 영어 표현들

1. un-break my heart: **break one's heart**는 '누구를[을] 비탄에 잠기게[몹시 슬프게]하다; 누구를[을] 실망시키다, 비탄에 빠뜨리다, 실연시키다'라는 뜻으로 자주 쓰인다.

   She cried fit to **break her heart**.
   (그녀는 가슴이 찢어질 듯이 울었다.)
   Love will always and forever break your heart.
   (사랑은 언제나 그리고 영원히 너의 마음을 아프게 할 거야.)
   But he is also a man whose voice can break your heart.
   (하지만 그의 목소리만은 듣는 이의 가슴을 에이게 하지요.)

   그러니까 un-break my heart는 '내 마음을 아프게 하지 말아요'라는 뜻으로 해석하면 되지 않을까 생각된다.

2. bring back: **brink back**은 1) '~을[를] 기억나게 하다[상기시키다]', 2) '~에게 ~을[를] 돌려주다; ~에게 ~을[를] 가지고 돌아가다', 3) '~을[를] 돌려주다, ~을[를] 다시 가져다[데려다] 주다'와 4) '누군가를 어떤 장소로 되돌려주다, 누군가를 집으로 데려다 주다'라는 뜻으로 다양하게 쓰인다. 여기서 bring back my smile은 '나의 미소를 다시 짓게 하다'라는 뜻으로 쓰인다.

3. undo: **undo**는 1) '(잠기거나 묶인 것을) 풀다', 2) '무효로 만들다, 원상태로 돌리다'와 3) '실패하게 만들다, 망치다'라는 뜻으로 쓰인다. 이 노래에서는 2)의 뜻으로 쓰인다고 볼 수 있다. '이 상처를 무효로 만들어'달라는 것은 상처받은 마음을 치료해달라는 뜻으로 이해하면 될 것이다.

4. take back: **take back**은 1) '(사람이 상점에) ~을[를] 반품하다; (상점에서) ~을[를] 반품 받다[회수하다]', 2) 사람의 경우 '(집을 떠났던 남편 · 아내 등을) 다시 받아들이다'와 3) '~에게 (…을[를]) 상기시키다[기억나게 하다]'라는 뜻으로 쓰인다. 여기서는 Take back that sad word goodbye는 '그 안녕이라는 그 슬픔 단어를 다시 가져가 달라'는 뜻이다.

5. Time is so unkind: '시간이 아주 불친절하다'라는 뜻이 이해가 되지 않을 수 있을 것이다. **unkind**는 '불쾌한, 박정한, 약간 잔인한'의 뜻으로 쓰인다. 노래 전체의 흐름으로 보았을 때 '시간이 약간 잔인하게 느껴진다'즉, '시간이 너무 힘들다'라는 뜻으로 이해 하면 될 것이다. 그래서 그런 시간이 계속 이어진다면 그 다음을 행에 나와 있듯이 삶 그 자체가 잔인하게 느껴지지 않을까 생각된다.

6. Without you I just can't go on: **go on**은 1) '(공연을) 시작하다; (무대에) 나오다', 2) '들어가다', 3) '(불 · 전기 등이) 들어오다', 4) '(부정문 · 의문문에 쓰여) ~을[를] (판단 · 의견의) 근거로 삼다', 5) '(~에 대해) 말[불평]을 늘어놓다', 6) '가다, 먼저[앞서] 가다', 7) '이어지다, 지속되다, 계속되다', 8) '(시간이) 흐르다', 9) '일어나다[벌어지다]와 10) '(~을[를]) 계속하다, 끊임없이 계속해서 나아가다'라는 뜻으로 쓰인다. 이 노래에서는 10)의 뜻이 약간 비유적으로 쓰이고 있다. 그러니까 Without you I just can't go on은 글자 그대로 '당신이 없이 난 그저 계속해서 나아갈 수 없어요'는 '당신이 없이 난 그저 계속 살아갈 수 없어요'라고 이해할 수 있다.

1)의 예문들은 다음과 같다.

She doesn't **go on** until Act 2.

(그녀는 이 막이 되어야 나온다.)

He is dying to go on the stage.

(그는 몹시 배우가 되고 싶어 한다.)

The new models will go on sale next week.

(신 모델들은 다음 주부터 판매에 들어갈 것이다.)

2)의 예문들은 다음과 같다.

I **go on** watch in an hour.

(난 한 시간 있다가 불침번을 서러 간다.)

Cole went on in place of Beckham just before half-time.

(전반전 종료 직전에 콜이 베컴 대신에 들어갔다.)

She stood in the wings and waited for her cue to go on.

(그녀는 무대 옆 부분에 서서 들어가라는 신호가 떨어지기를 기다렸다.)

3)의 예문들은 다음과 같다.

Suddenly all the lights **went on**.

(갑자기 모든 전등에 불이 들어왔다.)

The lights went on as darkness gathered.

(어두워지면서 불이 켜졌다.)

As the actors exited the stage the lights went on.

(배우들이 무대에서 퇴장하자 불이 켜졌다.)

4)의 예문들은 다음과 같다.

We didn't have much to **go on**.

(우리는 근거로 삼을 만한 것이 별로 없었다.)

We really didn't have much to go on.

(우리는 정말로 근거로 삼을 만한 것이 별로 없었다.)

The police don't have much to go on.

(경찰에서 근거로 삼을 만한 것이 별로 없다.)

5)의 예문들은 다음과 같다.

All right, don't **go on** about it.

(알겠어. 그것에 관해 불평을 늘어놓지 마라.)

Please, don't go on about her again tonight.

(제발, 오늘 저녁 그녀에 대해 또 다시 불평을 늘어놓지 말아라.)

He went on and on about how poor he was.

(그는 자기가 얼마나 가난한지에 대해 끝도 없이 불평을 늘어놓았다.)

6)의 예문들은 다음과 같다.

He's far too young to **go on** his own.

(그는 혼자 가기엔 너무 어리다.)

I'd love to go on a round-the-world cruise.

(난 세계 일주 유람선 여행을 가고 싶다.)

You go on ahead—I'll catch you up in a few minutes.

(너 먼저 가. 내가 곧 따라갈게.)

7)의 예문들은 다음과 같다.

Let's **go on** to the next item on the agenda.

(다음 안건으로 넘어가기로 하죠.)

This situation can't go on. We need to talk.

(이런 상황이 계속될 수는 없어요. 우린 대화가 필요해요.)

How much longer will this hot weather go on for?

(이렇게 더운 날씨가 얼마나 더 오래 계속될까?)

8)의 예문들은 다음과 같다.

As time **goes on**, his passion foamed off.

(시간이 흐름에 따라, 그의 열정이 헛되이 사라져버렸다.)

She became more and more talkative as the evening went on.

(저녁 시간이 흘러갈수록 그녀는 점점 더 말이 많아졌다.)

The group were getting louder and louder and laughing more and more as the afternoon went on.

(오후 시간이 흘러갈수록 그 무리는 점점 더 소리가 커지고 점점 더 많이 웃고 있었다.)

9)의 예문들은 다음과 같다.

What's **going on** here?

(여기는 무슨 일이 벌어지고 있는 거지?)

Hello, hello, what's going on here?

(이런, 이런, 여기 무슨 일이 벌어지고 있는 거야?)

We're trying to fathom out what's going on.

(우리는 무슨 일이 일어나고 있는지 가늠하려고 노력하는 중이다.)

10)의 예문들은 다음과 같다.

She hesitated for a moment and then **went on**.

(그녀가 잠깐 망설이더니 말을 계속했다.)

"Well, go on," said Camilla, her voice fairly steady.

("그래, 계속해."라고 카밀러는 꽤 침착한 목소리로 말했다.)

"We do tune our guitars before we go on," he insisted.

("우리는 계속하기 전에 반드시 기타를 조율한다."라고 그가 고집했다.

기억할 만한 영어 문장

1. Come and kiss this pain away.
   (와서 입맞춤으로 이 고통을 없애 주세요.)
2. I can't forget the day you left.
   (난 당신이 떠난 날을 잊을 수가 없어요.)
3. I need your arms to hold me now.
   (지금 날 안아줄 당신의 품이 필요해요.)

* 팝송 에세이

이 노래는 사랑하는 연인에게 헤어져서 고통스럽게 눈물을 흘리게 내버려 두지 말고, 다시 돌아와 고통에서 벗어나게 해주고 웃음을 되돌려주고 눈물을 거두어 달라고 부탁한다. 마음의 상처를 치료해주고, 사랑한다는 말을 해 달라고 애원한다. 사랑하는 사람이 없이 지냈던 수많은 밤에서 벗어나게 해서, 그대와 함께 할 수 있는 밤을 되돌려 달라고 간절히 부탁한다. 그래서 제발 자신의 마음을 아프게 하지 말아달라고 애원한다. 그 까닭은 그대가 없으면 살아갈 수 없기 때문이다.

사랑을 하다가 헤어지는 경우에 좌절과 절망은 뒤따르기 마련이다. 그렇지만 그리워하는 경우 그 애절한 마음뿐만 아니라 다시 만나고 싶은 간절한 마음은 어떻게 해야 될까? 미소와 기쁨을 되돌려 달라고 간청하지만, 입맞춤으로 고통을 없애 달라고 간청하지만 그 희망은 쉽게 이루어질 것 같지 않다. 그럼에도 불구하고 "난 당신이 떠난 날을 잊을 수가 없어요 / 여기 내 곁에 당신 없이는 / 시간은 너무도 힘들고 / 삶이 정말 비참해요"라며 계속 요구하지만 그녀에게 남긴 마음의 아픔과 상처가 치유될지 또는 그녀가 흘리는 눈물이 거두어질지는 불확실하다.

사랑하다가 이별을 하는 경우 그 이전에 이별 연습을 해야 되지 않을까 생각된다. 만남 이후 사랑의 씨앗이 싹트고 사랑의 꽃을 피우고 사랑의 열매를 맺어가는 과정이 순리적이겠지만 만남은 이별을 미리 예약하듯이 이별에 대한 대비도 필요하다고 보여진다. 뭇 사람들의 사랑에서 사랑의 결실을 맺는 경우 보다 결실을 제대로 맺지 못하고 헤어지는 경우가 훨씬 더 많을 것이다. 따라서 만남의 영원성만 생각하지 말고 이별이 언제든지 다가올 수 있다는 사실을 생각하고 있으면 이별과 맞부닥쳤을 때 어떻게 해야 할 지에 대한 나름대로의 대비책도 어느 정도 마련될 수 있을 것이다. 오히려 이별의 순간이 다가 왔을 때 애원이나 간청의 모드로 나가기 보다 쿨하게 보내줄 수 있는 기꺼운 마음도 필요할 것이다. 어차피 헤어지게 되는 경우는 상당한 부분 이별 쪽으로 이미 기울어져 있기 때문에 관계를 회복시키기에는 쉽지 않기 때문이다.

이별 후에 절망과 어둠이 찾아오고 한숨과 탄식이 뒤따를지라도 마음의 상처를 남기지 않길 바라는 로버트 번즈(Robert Burns)의 시 "달콤한 키스"(Ae Fond Kiss)의 마지막 연을 소개한다.

> 잘 가요, 그대 첫사랑이자 가장 아름다운 이여!
> 그대여 안녕히, 나의 참사랑이여!
> 그대는 모든 즐거움이요 보물이요,
> 평화, 기쁨, 사랑 그리고 즐거움이요!
> 한 번 달콤한 입맞춤하고, 그리고 우리 헤어지니,
> 자, 안녕, 아, 영원히!
> 내 가슴속 깊이 고인 눈물 흘리며 나 그대에게 할 게요.
> 한숨과 탄식을 지으며 내 그대 보내드리리라.

Whenever, Wherever

Sung by Shakira

Lucky you were born that far away so
We could both make fun of distance
Lucky that I love a foreign land for
The lucky fact of your existence
Baby I would climb the Andes solely
To count the freckles on your body
Never could imagine there were only
Ten million ways to love somebody

Le ro lo le lo le, Le ro le lo le
Can't you see
I'm at your feet

Whenever, wherever
We're meant to be together
I'll be there and you'll be near
And that's the deal my dear

Thereover, hereunder
You'll never have to wonder
We can always play by ear
But that's the deal my dear

Lucky that my lips not only mumble
They spill kisses like a fountain
Lucky that my breasts are small and humble
So you don't confuse them with mountains
Lucky I have strong legs like my mother
To run for cover when I need it
And these two eyes that for no other
The day you leave will cry a river

Le ro le le lo le, Le ro le le lo le
At your feet
I'm at your feet

Whenever, wherever
We're meant to be together
I'll be there and you'll be near
And that's the deal my dear

Thereover, hereunder
You'll never have to wonder
We can always play by ear
But that's the deal my dear

Le ro le le lo le, Le ro le le lo le
Think out loud
Say it again

Le ro lo le lo le lo le
Tell me one more time
That you'll live
Lost in my eyes

Whenever, wherever
We're meant to be together
I'll be there and you'll be near
And that's the deal my dear

Thereover, hereunder
You've got me head over heals
There's nothing left to fear
If you really feel the way I feel

Whenever, wherever
We're meant to be together
I'll be there and you'll be near
And that's the deal my dear

Thereover, hereunder
You've got me head over heals
There's nothing left to fear
If you really feel the way I feel

언제든지, 어디에 있든지

샤키라의 노래

당신이 그렇게 먼 곳에서 태어나서 다행이에요
우리 둘은 거리를 조롱할 수 있으니까요
외국 남자를 사랑하게 되어서 다행이에요
당신이 존재한다는 다행스러운 사실 때문에
사랑하는 이여 난 혼자서라도 안데스 산맥이라도 오르겠어요
당신 몸에 있는 주근깨를 세면서
생각해 볼 수 있었어요
누군가를 사랑할 수 있는 방법이 결코 천만가지가 되지 않는다는 것을

레 로 로 레 로 레, 레 로 로 레 로 레
모르시겠어요?
당신 뜻에 따르겠어요

언제든지, 어디든지
우린 함께 있어야 해요
내가 갈 게요 그리고 당신은 가까이 있을 거예요
그리고 그렇게 하기로 해요, 사랑하는 이여

그곳 위든, 이곳 아래든 어디든지
당신은 결코 궁금해 할 필요가 없어요
우린 그때그때 맞춰서 지내면 되요
하지만 그렇게 하기로 해요, 사랑하는 이여

내 입술이 말도 하고
입맞춤도 할 수 있으니까 다행이에요
내 가슴이 작고 보잘 것 없어서 다행이에요
그래서 당신이 내 가슴을 산으로 혼동하지 말아요
엄마처럼 튼튼한 다리가 있어서 다행이에요
필요할 때마다 피할 수 있도록
그리고 이 두 눈망울은 다른 사람을 위한 것이 아니에요
당신이 떠나는 날 눈물이 강을 이룰 거랍니다

레 로 레 레 로 레, 레 로 레 레 로 레
당신 뜻에 따르겠어요
당신 뜻에 따르겠어요

언제든지, 어디든지
우린 함께 있어야 해요
내가 갈 게요 그리고 당신은 가까이 있을 거예요
그리고 그렇게 하기로 해요, 사랑하는 이여

그곳 위든, 이곳 아래든 어디든지
당신은 결코 궁금해 할 필요가 없을 거예요
우린 그때그때 맞춰서 지낼 수 있어요
하지만 그렇게 하기로 해요, 사랑하는 이여

레 로 레 레 로 레, 레 로 레 레 로 레
생각나는대로 말해봐요
다시 한 번 말해 봐요

레 로 로 레 로 레 로 레
한 번만 더 말해주세요
당신이 살겠다고
내 두 눈망울 속에 빠져서

언제든지, 어디든지
우린 함께 있어야 해요
내가 갈 게요 그리고 당신은 가까이 있을 거예요
그리고 그렇게 하기로 해요, 사랑하는 이여

그곳 위든, 이곳 아래든 어디든지
당신은 나에게 푹 빠졌어요
두려운 게 없어요
당신이 정말로 내가 느끼듯이 느낀다면

언제든지, 어디든지
우린 함께 있어야 해요
내가 갈 게요 그리고 당신은 가까이 있을 거예요
그리고 그렇게 하기로 해요, 사랑하는 이여

그곳 위든, 이곳 아래든 어디든지
당신은 나에게 푹 빠졌어요
두려운 게 없어요
당신이 정말로 내가 느끼듯이 느낀다면

* 영어 발음 제대로 듣거나 말하기

1) 이어지는 소리(연음)의 경우

(1) 약모음 이동

far away, love a, like a, cry a, it again

far away에서 away의 a가 약모음 [ə]가 되어 앞 낱말 끝부분에 가서 붙어 '화러웨이'에 가깝게 발음된다. love a에서 a가 약모음 [ə]가 되어 앞 낱말 끝부분에 가서 붙어 '러버'로 발음된다. like a와 cry a도 마찬가지 경우이다. it again에서 again의 a가 약모음 [ə]가 되어 앞 낱말 끝부분에 가서 붙어 '이러 겐'또는 '이러 게인'에 가깝게 발음된다. again은 미국영어)(American English)와 영국영어(British English)에서 발음이 다르다. 이것은 미국영어에서는 어겐[əgen]으로 발음되고, 영국영어에서는 어게인[əgein]으로 발음된다.

(2) 자음 이동

fact of, when I, need it, Think out, Lost in

fact of에서 fact의 자음 t가 뒤에 있는 낱말 앞부분에 가서 붙어 '홱 터브'에 가깝게 발음된다. of는 기능어로 약하게 발음되기 때문에 [əv] 또는 [ə]로 발음된다. when I에서 when의 자음 n이 뒤에 있는 낱말 앞부분에 가서 붙어 '웨나이'로 발음된다. need it에서 need의 자음 d가 뒤에 있는 낱말 앞부분에 가서 붙어 '니 딧'으로 발음된다. Think out에서 Thnik의 자음 k가 뒤에 있는 낱말 앞부분에 가서 붙어 '싱 카웃'에 가깝게 발음된다. Lost in에사 Lost의 자음 t는 뒤에 있는 낱말의 앞부분에 가서 붙어 '로스 틴'으로 발음된다.

2) 없어지는 소리(탈락)의 경우

could both, would climb the, meant to, but that's, don't confuse, And these, left to could both에서 could의 d는 자음 l과 both의 자음 b 사이에 놓이기 때문에 탈락되어 '쿠 보스'에 가깝게 발음된다. 이와 같이 자음과 자음 사이에 놓이는 여섯 개의 파열음인 철자—k/g, p/b, t/d—사이에 놓여 탈락되는 예로 would climb the과 don't confuse가 해당된다.

meant to에서 meant의 t와 to의 t는 같은 철자이고 겹쳐서 나오기 때문에 앞의 t가 탈락되어 '멘 터'로 발음된다. left to도 마찬가지 경우이다.

but that's에서 but의 t는 that's의 th- 발음 [ð]와 발음이 비슷하기 때문에 앞의 t는 탈락되어 '버 대츠'에 가깝게 발음된다.

And these에서 And의 d는 these의 th- 발음 [ð]와 발음이 비슷하기 때문에 앞의 d는 탈락되어 '앤 디즈'에 가깝게 발음된다.

3) 닮는 소리(동화)의 경우

can't you, At your

can't you에서 can't의 t[t]와 you의 y[j]가 합쳐져 서로 닮아서 [tʃ]로 바뀌어 '캔츄'에 가깝게 발음된다. 따라서 이런 현상은 영국영어(British English) 보다 미국영어(American English)에서 자주 나타나는 현상이다. At your도 마찬가지 경우이다.

4) 줄어진 소리(축약)의 경우

I'll, you'll, that's, you've, There's

줄어지는 소리는 언어의 경제성에 의해 내용을 파악하는데 있어서 중요한 역할을 하지 않으면서 자주 쓰이는 경우는 줄여서 발음한다. 줄여서 소리는 내는 경우에 가장 발음하기 어려운 것이 I'll에서 'll이다. 그 이유는 l 발음이 한국어에는 없고 혀를 입천장에 붙여서 소리를 내야 하기 때문이다.

도우미동사(조동사)의 경우인 I'll과 you'll, have 동사의 경우인 you've, be 동사의 경우인 you've와 There's가 있다. 이 가운데 I'll과 you'll에서 'll이 한국인이 발음하기에 가장 힘든 예이다. 그 이유는 'll은 will의 줄인 형태인데 'll'이 한국어에 없는 발음으로, 'l'은 혀를 입천장에 붙여서 소리를 내야 하는데, 한국어에는 이렇게 소리를 내는 것이 없기 때문이다.

5) 주의해야 할 발음

have to는 '~해야 한다'라는 뜻으로 [hæftə]로 발음한다. 우리가 보통 발음하는 '해브 투'가 아닌 '해후터'에 가깝게 발음된다.

* 팝송에 들어 있는 쓸모 있는 영어 표현들

1. whenever, wherever: 제목 **whenever, wherever**에서 whenever는 '……할 때는 언제든지, …할 때마다, 뭐 그때쯤'이란 뜻으로 쓰인다. wherever는 '어디에나, 어디든지, (…한 곳) 어디에나[모든 곳에]'라는 뜻으로 쓰인다. 따라서 언제든지, 어디든지 시간과 공간을 초월하여 사랑할 수 있음을 나타내는 것이라고 볼 수 있다.

2. We could both make fun of distance: **make fun of**는 '~을[를] 놀리다[비웃다]'라는 뜻이다. '우리 둘은 거리를 비웃을 수 있다'라는 것은 '거리는 우리에게 문제가 되지 않는다'는 뜻으로 이해할 수 있다.

He thinks it's clever to **make fun of** people.
(그는 사람들을 놀리는 게 재주라고 생각한다.)

I wouldn't dream of making fun of you.
(내가 너를 놀리는 것은 꿈도 못 꿀 일이야.)

It's cruel to make fun of people who stammer.
(말을 더듬는 사람들을 놀리는 것은 잔인한 짓이다.)

3. I would clime the Andes solely: **the Andes**('안데스 산맥')에서 정관사 the는 유일한 존재·해당 유형 가운데 일반적이거나 두드러지는 사람이나 사물 앞에 붙이는 경우에 쓰인다. 예를 들면 the sun, the Pacific, the Alps, the Almighty, the United Kingdom과 the Bible 등이 이에 해당된다.

4. To count the freckles on your body: **freckle**은 '주근깨'라는 뜻이다.

5. Never could imagine there were only / Ten million ways to love somebody: 누군가를 사랑할 수 있는 방법이 결코 천만가지가 되지 않는다는 것을 생각해 볼 수 있었다는 것은 사랑할 수 있는 방법이 그리 흔치 않는다는 뜻으로 이해하면 될 것이다.

6. I'm at your feet: **at one's feet**는 '발밑에'라는 뜻으로 쓰인다. I'm at your feet는 글자 그대로 '내가 당신의 발밑에 있다'는 것은 비유적인 의미로 '당신 뜻에 따르겠다'는 뜻으로 이해하면 될 것이다.

7. We're meant to be together: **mean**은 '…라는 뜻[의미]이다, …을[를] 뜻하다[의미하다], (특별한 의도를 담아) …뜻으로 말하다, …을[를] 의도하다[뜻하다/작정하다]'라는 뜻으로 주로 쓰인다. mean이 이런 뜻 이 외에 흔히 수동태로 쓰여 '~가 …되게[…을[를] 하게]의도하다'라는 뜻으로 쓰이는데, 이 노래에서는 이런 뜻으로 쓰이고 있다. be meant to be는 일반적으로 '~인 것으로 여겨지다'로 많이 쓰인다. 예문들은 다음과 같다.

   I was never **meant** for the army.
   (나는 결코 군인감이 아니었다.)
   Everything is meant to be businesslike.
   (모든 것이 사무적으로 되어 있었다.)
   She did everything to get the two of them together, but I guess it just wasn't meant to be.
   (그녀는 그 두 사람을 함께 맺어주려고 온갖 애를 썼지만 그냥 그렇게 될 운명이 나이었던 모양이다.)

8. And that's the deal my dear: **that's the deal**은 글자 그대로 '그것은 거래[합의]다'라는 뜻이다. 서로 의견의 일치를 보이고 있는 경우에 이루어지는 것이기 때문에 '그렇게 하기로 하다'라고 이해하면 될 것이다.

9. Thereover, hereunder: **thereover**와 **hereunder**는 만들어진 낱말이라고 볼 수 있다. 글자 그대로 thereover는 '저곳 위에'와 hereunder는 '이곳 아래'인데 이곳 저곳과 위와 아래가 모두 나오는 것으로 보아 '어디든지'라고 이해하면 될 것이다.

10. We can always play by ear: **play by ear**는 1) '(~을) 귀로 듣고 외워서 연주하다, 악보를 안 보고 연주하다, 정규 훈련이 없이 악기를 잘 연주하다'와 2) '(사전 계획을 세우기보다) 그때그때 봐서[사정을 봐 가면서] 처리하다'라는 뜻으로 쓰인다. 이 노래에서는 2)의 뜻으로 쓰이고 있다. 따라서 '우린 그때그때 맞춰서 지내면 되요'라고 이해하면 될 것이다.

1)의 예문들은 다음과 같다.

He can **play** the piece **by ear**.

(그는 악보 없이 그 곡을 연주할 수 있다.)

I can't read music, but I can play by ear.

(저는 악보는 읽지 못하지만 귀로 듣고 연주할 수 있어요.)

If I could play by ear, I wouldn't have to take lessons-or practice!

(만일에 내가 제대로 배우지 않아도 잘 칠 수 있다면, 레슨을 받을 필요도 없고 연습을 하지 않아도 되는데!)

2)의 예문들은 다음과 같다.

If the case is so, let's **play** it **by ear**.

(정 그렇다면 가서 임기응변으로 대강 하자(되는 대로 하자).)

If you keep playing it by ear, we may fire you.

(계속해서 임기응변으로 행동하면 널 해고할 거야.)

I don't know what they'll want when they arrive—we'll have to play it by ear.

(난 그들이 도착하면 뭘 원할지 몰라요. 우리가 사정을 봐 가면서 일을 처리해야 할 거예요.)

11. my breasts are small and humble: **humble**은 1) '겸손한', 2) '(지위·신분이) 미천한[보잘 것 없는]'과 3) '(사물이) 변변찮은, 작은'이란 뜻으로 쓰인다. 이 노래에서는 3)의 뜻으로 쓰이고 있다.

12. So you don't confuse them with mountains: **confuse with**는 '와 혼동하다'라는 뜻이다. 예문들은 다음과 같다.

I always **confuse** my left **with** my right.
(나는 항상 내 왼쪽과 오른쪽을 혼동한다.)
Be careful not to confuse quantity with quality.
(양과 질을 혼동하지 않도록 주의하라.)
Sometimes heart failure is confused with heart attack.
(때로 심장기능 장애는 심장마비와 혼동된다.)

13. To run for cover when I need it: **run for cover**는 '(비·총알 등을 피해) 몸을 숨길[가릴] 곳을 찾아 뛰다'라는 뜻으로 쓰인다. 예문들은 다음과 같다.

Charles lit the fuses and they **ran for cover**.
(찰스가 도화선에 불을 붙이자 그들은 몸을 피해 달렸다.)
Everyone ran for cover when it started to rain.
(비가 오기 시작하자 모두 비를 피할 곳을 찾아 뛰었다.)
However, once a cyclone becomes a typhoon, everyone knows to run for cover.
(그러나, 사이클론이 태풍이 되면, 모두들 숨을 곳을 찾아야 한다는 것을 알고 있다.)

14. The day you leave will cry a river: **cry a river**는 글자 그대로 '울어서 강을 만든다'라고 한다면 '실컷 울다'라고 이해하면 될 것이다. 예문들은 다음과 같다.

I **cried a river** over you.
(난 너보다 더 많이 울었다.)
You can cry me a river.
(넌 나를 위해 많이 울어주라.)

15. Think out loud: **think out loud**는 '생각나는 대로 말하다, (생각을 하면서) 생각을 입 밖에 내어 말하다'라는 뜻으로 쓰인다. 예문들은 다음과 같다.

I'm just **thinking out loud**, that's all.

(난 그냥 혼자 해본 말이었어, 그게 다야.)

Don't pay any attention to me. I was thinking out loud.

(신경 쓰지 마. 혼자 해본 소리야.)

"What?" "Oh, don't worry. I was just thinking out loud."

("뭐라고?" "아, 걱정하지마. 내 생각나는 대로 해본 소리야.")

16. You've got me head over heals: **head over heals** (for)는 '완전 죽고 못 살다, ~에게 (사랑에) 푹 빠지다'(=to be so crazy in love with)라는 뜻으로 쓰인다.

You've got me **head over heals**.

(너 나에게 푹 빠졌어.)

Joseph is head over heals for Jane.

(조셉은 제인에게 죽고 못 산다.)

I thought you were head over heals for Fay.

(난 네가 페이에게 푹 빠져 있는 줄 알았어.)

기억할 만한 영어 문장

1. We're meant to be together.
   (우린 함께 있어야 해요.)
2. We can always play by ear.
   (우린 그때그때 맞춰서 지내면 되요.)
3. You don't confuse my breasts with mountains.
   (당신이 내 가슴을 산으로 혼동하지 말아요.)

* 팝송 에세이

이 노래는 빠르게 진행되면서도 반복적인 가사는 신비로움을 더해간다. 마치 이국의 낯선 땅에서 혼자 신비로움에 취하게 되는 기분이랄까. 신비로운 기운에 회오리처럼 빠져들면서 더 나아가 점차 노래 속으로 빨려들어 가게 한다. 마치 주문을 외는 소리에 빠져들 듯이.

사랑한다는 것이 “언제든지”에서 시간과 “어디든지”에서 장소와 “우리 둘은 거리를 조롱할 수 있으니까”에서 거리에 상관이 없이, 그렇게 빼어난 미모를 가지지 않아도 된다는 것을 잔잔하게 노래하고 있다. 특별한 요구도 기대도 하지 않고 그저 “우린 그때그때 맞춰서 지내면 되요 / 하지만 그렇게 하기로 해요, 사랑하는 이여”라고 함께 있는 그 시간에 적절한 관계를 유지하면서 서로 사랑을 나누는 정도의 바람을 보이고 있다. 소박한 의미의 신체적 조건인 말과 입맞춤을 할 수 있을 정도의 입술, 여자임을 알 수 있을 정도의 가슴, 필요한 경우 위험을 피할 수 있을 정도의 다리, 떠나는 날 눈물을 흘릴 수 있을 정도의 눈망울만을 갖고 있다고 고백한다. 그러면서 반복해서 “당신 뜻에 따르겠어요 / 당신 뜻에 따르겠어요”라고 노래하는 것이다. 자신에 대해 더도 말고 덜도 말고 있는 그대로의 자신을 바라보고 생각하고 평가하라는 겸손이 아닌 나름대로의 자신감을 갖고 상대방의 뜻을 존중한다고 말하는듯 하다. 애절하게 간청하지 않으면서 담담하게 툭툭 내뱉는 말투는 자신감의 또 다른 표현이라고 할 수 있다. 어쩌면 당당하게 사랑하는 사람에게 자신을 내세울 수 있는 모습이 화면을 꽉 채우면서 다가오는 인물처럼 느껴진다.

또 다른 의미에서 이 여인이 당당하면서 상당히 매력적으로 보이는 것은 어떤 이유에서일까? 이건 그녀의 자존감을 지켜나가는 자세와 태도라 할 수 있다. 자신을 당당하게 주장하고 자신의 신념에 충실하며 자신을 위해서 물러서지 않고 인간관계에서 자신을 존중하려는 의지를 보이는 진정한 의미의 자기애를 갖고 사랑하는 존재의 모습을 보는듯하다.

My Love

Sung by Westlife

An empty street
An empty house
A hole inside my heart
I'm all alone
The rooms are getting smaller
I wonder how, I wonder why
I wonder where they are

The days we had,
The songs we sang together oh yeah
And oh, my love I'm holding on forever
Reaching for the love that seems so far

So I say a little prayer
And hope my dreams will take me there
Where the skies are blue
To see you once again
My love

Overseas from coast to coast
To find the place I love the most
Where the fields are green
To see you once again
My love

I try to read I go to work
I'm laughing with my friends
But I can't stop to keep myself from thinking, oh no
I wonder how, I wonder why
I wonder where they are

The days we had
The songs we sang together oh yeah
And oh, my love I'm holding on forever
Reaching for the love that seems so far

So I say a little prayer
And hope my dreams will take me there
Where the skies are blue
To see you once again, my love

Overseas from coast to coast
To find the place I love the most
Where the fields are green
To see you once again

To hold you in my arms
To promise you my love
To tell you from the heart
You're all I'm thinking of
Reaching for the love that seems so far

So...
So I say a little prayer
And hope my dreams will take me there
Where the skies are blue
To see you once again
My love

Overseas from coast to coast
To find the place I love the most
Where the fields are green
To see you once again
My love

Say a little prayer
My sweet dreams will take me there
Where the skies are blue
To see you once again

Overseas from coast to coast
To find the place I love the most
Where the fields are green
To see you once again
My love

내 사랑

웨스트라이프의 노래

텅 빈 거리
텅 빈 집
그리고 내 마음에 생겨난 공허함
난 혼자일 뿐이고,
내 방들은 점점 더 작아져만 가네요
도대체 어떻게 된 건지, 왜 그런 건지
그 방들이 어디로 가버린 건지 궁금해요

우리가 함께 했던 나날들,
우리가 함께 불렀던 노래들은 아, 그래요
그리고 사랑하는 그대, 나 영원히 기다릴 거예요
너무 멀리 있는 듯한 사랑을 찾기 위해서

그래서 나는 소박한 기도를 해요
그리고 내 꿈들이 날 그곳으로 데려가주길 바라면서요
푸른 하늘이 있는 곳
당신을 다시 만나기 위해
사랑하는 그대여

해외로 전국 방방곡곡으로
내가 제일 좋아하는 그곳을 찾기 위해
푸른 초원이 펼쳐진 그곳
당신을 다시 만나기 위해
사랑하는 그대여

책을 보려고도 해보고, 일도 해보려 하지만
그리고 친구들하고 함께 웃어보기도 하지만
하지만 나 그저 당신 생각만 하게 되는 걸 어쩔 수가 없네요 아 그래요
도대체 어떻게 된 건지, 왜 그런 건지
그 방들이 어디로 가버린 건지 궁금해요

우리가 함께 했던 나날들
우리가 함께 불렀던 노래들은
그리고 아, 사랑하는 그대, 나 영원히 기다릴 거예요
너무 멀리 있는 듯한 사랑을 찾기 위해서

그래서 나는 소박한 기도를 해요
그리고 내 꿈들이 날 그곳으로 데려가주길 바라면서요
푸른 하늘이 있는 곳
당신을 다시 만나기 위해
내 사랑하는 그대요

해외로 전국 방방곡곡으로
내가 제일 좋아하는 그곳을 찾기 위해
푸른 들판이 펼쳐진 곳
당신을 다시 만나기 위해
사랑하는 그대여

당신을 내 품에 안아보기 위해
당신에게 내 사랑을 맹세하기 위해
마음에서부터 우러나오는 얘기를 하기 위해
당신은 내가 생각하고 있는 전부예요
너무 멀리 있는 듯한 그 사랑을 찾기 위해

그래서 그래서 나는 소박한 소원을 빌어요
그리고 내 꿈들이 날 그곳으로 데려가주길 바라면서요
푸른 하늘이 있는 곳
당신을 다시 만나기 위해
사랑하는 그대여

해외로 전국 방방곡곡으로
내가 제일 좋아하는 그곳을 찾기 위해
푸른 들판이 펼쳐진 곳
당신을 다시 만나기 위해
사랑하는 그대여

소박한 기도를 해요
내 아름다운 꿈들이 날 그곳으로 데려가주길 바라면서요
푸른 하늘이 있는 곳
당신을 다시 만나기 위해

해외로 전국 방방곡곡으로
내가 제일 좋아하는 그곳을 찾기 위해
푸른 들판이 펼쳐진 곳
당신을 다시 만나기 위해
사랑하는 그대요

* 영어 발음 제대로 듣거나 말하기

1) 이어지는 소리(연음)의 경우

(1) 약모음 이동

all alone, say a, once again

all alone에서 alone의 a가 약모음 [ə]가 되어 앞 낱말 끝부분에 가서 붙어 '올러 론'으로 발음된다. say a에서 a가 약모음 [ə]가 되어 앞 낱말 끝부분에 가서 붙어 '세이어'로 발음된다. once again에서 again의 a가 약모음 [ə]가 되어 앞 낱말 끝부분에 가서 붙어 '원서 겐'또는 '원서 게인'으로 발음된다. again은 미국영어)(American English)와 영국영어(British English)에서 발음이 다르다. 이것은 미국영어에서는 어겐[əgen]으로 발음되고, 영국영어에서는 어게인[əgein]으로 발음된다.

(2) 자음 이동

rooms are, skies are, fields are

rooms are에서 rooms의 자음 s가 뒤에 있는 낱말 앞부분에 가서 붙어 '룸 자'로 발음된다. skies are와 fields are도 마찬가지 경우이다.

2) 없어지는 소리(탈락)의 경우

empty, seems so, And hope, coast to, find the, fields, friends, can't stop

empty에서 empty의 p는 자음 m과 자음 t 사이에 놓이기 때문에 탈락되어 '엠티'로 발음된다. 이와 같이 자음과 자음 사이에 놓이는 여섯 개의 파열음인 철자—k/g, p/b, t/d—사이에 놓여 탈락되는 예로 And hope, fields, friends와 can't stop가 해당된다.

seems so에서 seems의 s는 so의 s와 같은 철자이면서 겹쳐서 나오기 때문에 앞의 s는 탈락되어 '심 소우'로 발음된다. coast to도 마찬가지 경우이다.

find the에서 find의 d와 the의 th- 발음 [ð]와 발음이 비슷하기 때문에 앞의 d는 탈락되어 '화인 더'에 가깝게 발음된다.

3) 닮는 소리(동화)의 경우

getting, little, hold you
getting에서 t(t)가 강모음과 약모음 사이에 놓이면 단타음(單打音)으로 되어 t도, d도, r도 아닌 발음이 된다. getting은 '게링'에 가깝게 발음된다. 이 소리는 한글로 정확하게 표기할 수 없으며 오직 소리로만 익힐 수밖에 없다. 특히 미국영어(American English)에서 두드러진 현상이다. little도 마찬가지 경우이다.
hold you에서 hold의 d[d]와 you의 y[j]가 합쳐져 서로 닮아서 [ʤ]로 바뀌어 '홀쥬'에 가깝게 발음된다. 따라서 이런 현상은 영국영어(British English) 보다 미국영어(American English)에서 자주 나타나는 현상이다.

4) 줄어진 소리(축약)의 경우

I'm, can't, You're
be 동사의 경우인 I'm과 you're, 부정형인 can't가 있다.

5) 주의해야 할 발음

why, where, dreams, skies, try, stop
why와 where에서 wh~로 시작되는 낱말은 'w'뒤에 있는 'h'의 소리가 보통 들리지 않는다. 그러니까 why는 '화이'이라기 보다 '와이'에 가깝게, where는 '훼어'라기 보다 '웨어'에 가깝게 발음된다. 그러나 사람과 관련된 who, whose, whom은 예외로 'h'의 소리가 그대로 난다.
dreams에서 'dr~'의 발음은 '드_'와 '주'의 중간쯤 되는 소리로 '쥬'에 가깝게 발음된다. dreams는 '드림즈'이라기 보다 '쥬림wm'에 가깝게 발음된다.
skies와 stop에서 s+k/p/t가 되면 된소리에 가깝게 소리가 난다. 대부분 k/p/t가 들어간 낱말은 h가 들어가는 소리를 내게 되는데, s+k/p/t의 경우는 h 소리가 들어가지 않고 된소리에 가깝게 발음된다. 그러니까 skies는 '스카이즈'라기 보다 '스까이즈'에 가깝게, stop은 '스탑'이라기 보다 '스땁'에 가깝게 발음된다.

try는 'tr~'의 발음은 '츠ㅡㅡ'와 '추'의 중간쯤 되는 소리로 '츄'에 가깝게 발음된다. try는 '트라이'라기 보다 '츄라이'에 가깝게 발음된다.

* 팝송에 들어 있는 쓸모 있는 영어 표현들

1. I'm all alone: **all alone**은 '홀로; 혼자서, 남의 도움 없이'란 뜻으로 쓰인다. 예문들은 다음과 같다.

Jane felt **all alone** in the world.
(제인은 세상에 저 혼자뿐인 것처럼 외로웠다.)
I won't leave you here all alone.
(나는 당신을 여기 혼자 남게 하지 않을 거야.)
After his wife died, he lived all alone.
(그는 부인하고 사별하고 이제껏 혼자 살아왔어.)

2. I'm holding on forever: **hold on**은 1) '(명령문 형태로 쓰여) 기다려[멈춰]', 2) '(곤경 · 위험을) 견뎌[참아] 내다', 3) '(수동태로는 안 씀) (~을) 계속 잡고 있다', 4) '(자기에게 유리한 것을) 고수하다[지키다]; (팔거나 주지 않고) 계속 보유하다', 5) '~을[를] (제자리에) 고정시키다'와 6) '기다리다'라는 뜻으로 쓰인다. 이 노래에서는 6)의 뜻으로 쓰이고 있다.

1)의 예문들은 다음과 같다.

Let me check my phone book. **Hold on**.
(전화번호 수첩에서 찾아볼 게. 잠깐만 기다려봐.)
Hold on please, I'm trying to connect you.
(잠깐 기다리세요. 연결해 드리겠습니다.)

Hold on a minute while I get my breath back.

(내가 숨을 돌릴 때까지 잠깐 기다려.)

2)의 예문들은 다음과 같다.

I can't hold on much longer.

(난 더 이상 버틸 수 없어.)

I'm just too sleepy to hold on.

(저는 졸려서 못 견디겠어요.)

3)의 예문들은 다음과 같다.

Hold on, this is a bad road!

(꽉 잡아, 길이 안 좋아!)

Hold on and don't let go until I say so.

(내가 그러라고 할 때까지 놓지 말고 계속 잡고 있어.)

I hold on to the rail when I go down steep stairs.

(나는 가파른 계단을 내려갈 때 난간을 꼭 붙잡는다.)

4)의 예문들은 다음과 같다.

If you **hold on** to your dream, you can do it!

(당신이 꿈을 잃지 않으면 이룰 수 있어요.)

I'd buy a few shares now, and just hold on to them.

(저라면 지금 몇 주 사서 보유하겠습니다.)

I told him how we had fought to hold on to the company.

(나는 우리가 회사를 지켜 내기 위해 어떻게 분투해 왔는지 그에게 알려 줬다.)

5)의 예문들은 다음과 같다.

This pin **holds** the wheel **on**.

(이 핀으로 바퀴가 빠지지 않다.)

These nuts and bolts hold the wheels on.

(이 너트와 볼트들 덕분에 바퀴가 제자리에 붙어 있게 된다.)

6)의 예문들은 다음과 같다.

Would you **hold on** a second?

(잠시만 기다리시겠어요?)

Can you hold on until this baseball game is finished?

(이 야구 경기가 끝날 때까지 기다리면 안 돼?)

There are several people ahead of you. Just hold on.

(당신 앞에 여러 사람이 기다리고 있어요. 그러니 기다리세요.)

3. So I say a little prayer: **say a prayer**는 '기도를 드리다, 기도를 하다'라는 뜻으로 쓰인다. 예문들은 다음과 같다.

I'll **say a prayer** for you.

(저가 당신을 위해 기도할게요.)

I wanted to say a warm prayer in my heart for them.

(나는 그들을 위해 마음속으로 따뜻한 기도를 드리고 싶었어.)

Say a prayer before having a meal if you are a Christian.

(당신이 기독교 신자라면 밥을 먹기 전에 기도하라.)

4. Overseas from coast to coast: **overseas**는 형용사로 '(특히 바다로 분리된) 해외[외국/국외]의'란 뜻으로, 부사로 '해외에[로], 외국[국외]에[으로]'라는 뜻으로 쓰인다.

from coast to coast는 '태평양 연안에서 대서양 연안까지, 전국 방방곡곡에'라는 뜻으로 쓰인다.

5. To find the place I love the most: **the most**는 '최대[최고], 가장 많음'이란 뜻으로 쓰인다. 예문들은 다음과 같다.

Which animal do you like **the most**?

(네가 가장 좋아하는 동물은 어떤 동물이니?)

Yeah, I like the room service the most.

(네, 룸서비스가 가장 좋아요.)

I selected the things that meant the most to me.

(저는 저에게 가장 중요한 의미를 지니는 자료들을 선별했죠.)

6. I can't stop to keep myself from thinking: **stop to~**는 '~하기 위해 가던 길 또는 하던 일을 멈추다'라는 뜻이다. 그런데 stop ~ing는 멈춤의 대상이 행동이다. 예를 들면 다음과 같다.

I **stop to** smoke.

(나는 담배를 피우려고 잠깐 멈췄다.)

I stopped smoking.

(나는 담배를 끊었다.)

stop to~의 예문들은 다음과 같다.

We had to **stop to** fix a flat.

(우리는 멈춰 서서 펑크 난 타이어를 바꿔야 했다.)

She doesn't stop to think about what she's saying.

(그녀는 생각도 안 하고 말한다.)

This is a brief stop to take on passengers and water.

(승객과 물을 싣기 위해 잠깐 섭니다.)

keep ~ from …은 '~가 …하지 못하게 하다'라는 뜻이다. 예문들은 다음과 같다.

The church bells **keep** me **from** sleeping.

(교회 종소리 때문에 내가 잠을 잘 수가 없다.)

Consequently, it will keep you from successful living.

(그 결과, 그것은 여러분을 성공적인 삶에서도 멀어지게 합니다.)

Put the milk in the refrigerator to keep it from spoiling.

(우유가 상하지 않게 냉장고에 넣어라.)

7. You're all I'm thinking of: **think of**는 '~을[를] 생각하다[머리에 떠올리다], (실제 또는 가능한 상황을) 생각[상상]하다, …을[를] 고려하다'라는 뜻으로 쓰인다. 예문들은 다음과 같다.

He doesn't care what people **think of** him.

(그는 사람들이 자기를 어떻게 생각하든 신경 쓰지 않는다.)

What do you think of the show so far?

(지금까지의 그 쇼[프로]에 대해 어떻게 생각하세요?)

They've done everything they can possibly think of.

(그들은 생각해 낼 수 있는 모든 것을 다 해 보았다.)

기억할 만한 영어 문장

1. I say a little prayer.
   (나는 작은 소원을 빌어요.)
2. You're all I'm thinking of.
   (당신은 내가 생각하고 있는 전부예요.)
3. I hope my dreams will take me there.
   (내 꿈들이 날 그곳으로 데려가주길 나는 바랍니다.)

* 팝송 에세이

한 때는 함께 했던 날들도 있고 함께 노래를 불렀던 때도 있었지만 이제 떨어져 있으면서 사랑하는 사람을 다시 만나고 싶은 마음을 노래하고 있다. 사랑하는 사람이 떠나버린 후에 느껴지는 텅 빈 거리, 텅 빈 집 그리고 공허한 마음인 상태에서 혼자만 남아 "내 방들은 점점 더 작아져만 가네요"라면 자신의 심정을 말한다. 순서상으로 보면 거리에서 집으로 집에서 혼자만이 있는 방으로 점차 외부에서 내부로 관심이 옮겨지면서 공간이 차츰 좁아지고 있음을 알 수 있다. 그만큼 떨어져 있는 심정을 나타내고 있다. 문제는 작아져버린 방마저 어디로 가버린 건지 알 수 없다는 점이다. 방은 항상 따뜻하고 평온하고 외부로부터 보호받을 수 있는 안정된 공간을 상징한다. 방의 존재에 대한 궁금증은 자신의 심리적 상태를 상징적으로 보여주기 때문에 그런 방의 의미에 대한 의심마저 든다는 것이다.

다시 만날 수 있기를 바라며 해외든 전국 방방곡곡이든 장소에 상관이 없이 사랑하는 사람을 만나기 위한 바람을 드러내보인다. 이런 상황에서 독서에 빠져보기도 일에 몰두해보기도 친구들도 만나보지만 만족스럽지 않고 사랑하는 사람만 생각이 난다. 오직 사랑하는 사람만으로 머릿속을 지배하고 있는 것이 어쩌면 사랑하고 있는 상태, 사랑에 빠져 있는 상태가 아닐까 생각된다. "당신을 내 품에 안아보기 위해 / 당신에게 내 사랑을 맹세하기 위해 / 마음에서부터 우러나오는 얘기를 하기 위해 / 당신은 내가 생각하고 있는 전부예요 / 너무 멀리 있는 듯한 그 사랑을 찾기 위해"라며 사랑하는 이가 어디에 있든 만나 이야기도 나누고 한 번 품에 안아보고 사랑의 맹세도 해보기 위해 이런 저런 생각을 해본다. 이 모든 것들에 대한 소망에 대해 "소박한 기도를 해요 / 내 아름다운 꿈들이 날 그곳으로 데려가주길 바라면서요"라며 나지막하게 속삭이듯이 말한다.

사랑하는 사람을 보고 싶은 경우 여러 가지 표현이 있을 수 있다. 강렬하게 요청하고 싶은 마음을 나타낼 수도 있고, 만날 수 있을지 어떨지 망설일 수도 있고, 나지막한 목소리로 자신의 심경을 전할 수도 있을 것이다. 그 어떤 방법이라 할지라고 사랑하는 사람을 보고 싶은 마음은 지극히 당연하다고 볼 수 있다. 선택은 각자의 인격을 그대로 드러내는 방식으로 이루어질 수밖에 없을 것이다.

Why Do I Love You

Sung by Westlife

Suddenly she's leaving
Suddenly the promise of love has gone
Suddenly, breathing seems so hard to do

Carefully you planned it
I got to know just a minute too late, oh girl
Now I understand it all the times we made love together
Baby you were thinking of him

Why do I love you
Don't even want to
Why do I love you like I do, like I always do
You should've told me
Why did you have to be untrue (Love you like I do)
Why do I love you like I do

Ain't gonna show no weakness
I'm gonna smile and tell the whole world I'm fine
I'm gonna keep my senses
But deep down when no one can hear me
Baby I'll be crying for you

Why do I love you
Don't even want to
Why do I love you like I do, like I always do
You should've told me
Why did you have to be untrue (Love you like I do)
Why do I love you like I do

Can't go back, can't erase
Baby your smiling face oh no
I can think of nothing else but you

Suddenly
Why do I love you
Don't even want to
Why do I love you like I do, like I always do
You should've told me
Why did you have to be untrue (Love you like I do)

Why do I love you
Don't even want to
Why do I love you like I do, like I always do
You should've told me
Why did you have to be untrue (Love you like I do)
Why do I love you like I do

Why do I love you
Don't even want to
Why do I love you like I do like I always do

Why do I love you
Don't even want to
Why do I love you like I do like I always do

내가 왜 당신을 사랑하나요

웨스트라이프의 노래

갑자기 그녀는 떠나네요
갑자기 사랑에 대한 약속도 사라졌어요
갑자기 숨쉬는 것조차 아주 어려워진 것 같아요

당신은 그것을 빈틈없이 계획했던 거죠
나는 그걸 약간 늦게 알게 되었어요 오 나의 연인이여
이제 그것을 알겠어요
우리가 함께 사랑을 나누는 동안 줄곧
사랑하는 이여, 당신은 그 사람을 생각하고 있었어요

내가 왜 당신을 사랑할까요?
그러고 싶지 않은데
왜 나는 당신을 그토록 사랑하는지 늘 그렇듯이
당신은 내게 얘기했어야 해요
왜 당신은 진실할 수 없었나요 (내가 그렇듯이 당신을 사랑해요)
왜 나는 늘 그렇듯이 당신을 그토록 사랑할까요

약해 보이면 안돼요
난 미소 지으며, 세상 사람들 앞에 나는 괜찮다고 말할 거예요
닌 이성을 잃지 않을 거예요
그러나 아무도 듣지 않을 때 마음속으로는
사랑하는 이여 당신을 위해 울고 있을 거예요

내가 왜 당신을 사랑할까요?
그러고 싶지 않은데
왜 나는 당신을 그토록 사랑하는지 내가 늘 그렇듯이
당신은 내게 얘기했어야 해요
왜 당신은 진실할 수 없었나요 (내가 그렇듯이 당신을 사랑해요)
왜 나는 늘 그렇듯이 당신을 그토록 사랑할까요

내가 왜 당신을 사랑할까요?
그러고 싶지 않은데
왜 나는 당신을 그토록 사랑하는지 내가 늘 그렇듯이
내게 얘기했어야 해요
왜 나를 속였나요
왜 나는 당신을 그토록 사랑할까요

다시 돌아갈 수도, 지울 수도 없어요
사랑하는 이여 당신의 미소짓는 얼굴 아 안돼요
난 당신 이외에 아무것도 생각할 수 없어요

갑자기
내가 왜 당신을 사랑할까요?
그러고 싶지 않은데
왜 나는 당신을 그토록 사랑하는지 내가 늘 그렇듯이
당신은 내게 얘기했어야 해요
왜 당신은 진실할 수 없었나요 (내가 그렇듯이 당신을 사랑해요)

내가 왜 당신을 사랑할까요?
그러고 싶지 않은데
왜 나는 당신을 그토록 사랑하는지 늘 그렇듯이
당신은 내게 얘기했어야 해요
왜 당신은 진실할 수 없었나요 (내가 그렇듯이 당신을 사랑해요)
왜 나는 늘 그렇듯이 당신을 그토록 사랑할까요

내가 왜 당신을 사랑할까요?
그러고 싶지 않은데
왜 나는 당신을 그토록 사랑하는지 내가 늘 그렇듯이

내가 왜 당신을 사랑할까요?
그러고 싶지 않은데
왜 나는 당신을 그토록 사랑하는지 내가 늘 그렇듯이

* 영어 발음 제대로 듣거나 말하기

1) 이어지는 소리(연음)의 경우

(1) 약모음 이동

jus**t a**

jus**t a**에서 a가 약모음 [ə]가 되어 앞 낱말 끝부분에 가서 붙어 '저스터'로 발음된다.

(2) 자음 이동

promi**se o**f, plann**ed i**t, understan**d i**t, lo**ve y**ou, worl**d I**'m, thin**k o**f,

promi**se o**f에서 promise의 자음 s가 뒤에 있는 낱말 앞부분에 가서 붙어 '프라미서브'로 발음된다. promise의 끝에 있는 모음 e는 약하게 발음되기 때문에 무시해도 될 정도이다. think of도 마찬가지 경우이다. plann**ed i**t에서 planned의 -ed 발음 [d]가 뒤에 있는 낱말 앞부분에 가서 붙어 '플랜 딧'으로 발음된다. understand it도 마찬가지 경우이다. lo**ve y**ou에서 love의 자음 v가 뒤에 있는 낱말 앞부분에 가서 붙어 '러 뷰'로 발음된다. love의 끝에 있는 e도 promise의 끝에 있는 e와 마찬가지로 모음 e는 약하게 발음되기 때문에 무시해도 될 정도이다. worl**d I**'m에서 world의 자음 d가 뒤에 있는 낱말 앞부분에 가서 붙어 '월 다임'으로 발음된다.

2) 없어지는 소리(탈락)의 경우

seem**s** so, har**d** to, go**t** to, wan**'t** to, tol**d** me, Can**'t** go

seem**s** so에서 seems의 s와 so의 s는 같은 철자이면서 겹쳐서 나오기 때문에 앞의 s는 탈락되어 '심 소우'로 발음된다. go**t** to와 wan**t** to도 마찬가지 경우이다.

har**d** to에서 hard의 d와 to의 t는 최소쌍(minimal pair)으로 같은 위치에서 소리가 나기 때문에 앞의 d가 탈락되어 '하 터'로 발음된다.

told me에서 told의 d는 자음 l과 me의 자음 m 사이에 놓이기 때문에 탈락되어 '토울미'로 발음된다. 이와 같이 자음과 자음 사이에 놓이는 여섯 개의 파열음인 철자—k/g, p/b, t/d—사이에 놓여 탈락되는 예로 Can't go가 해당된다.

3) 닮는 소리(동화)의 경우

did you, but you

did you에서 did의 d[d]와 you의 y[j]가 합쳐져 서로 닮아서 [ʤ]로 바뀌어 '디쥬'에 가깝게 발음된다. 따라서 이런 현상은 영국영어(British English) 보다 미국영어(American English)에서 자주 나타나는 현상이다.

but you에서 but의 t[t]와 your의 y[j]가 합쳐져 서로 닮아서 [tʃ]로 바뀌어 '버츄'에 가깝게 발음된다. 따라서 이런 현상은 영국영어(British English) 보다 미국영어(American English)에서 자주 나타나는 현상이다.

4) 줄어진 소리(축약)의 경우

she's, should've, Ain't, I'm, I'll, Don't, Can't

be 동사의 경우인 she's와 I'm, have 동사의 경우인 should've, 부정형인 Ain't, Don't와 Can't, 도우미동사(조동사)의 경우인 I'll이 있다. 이 가운데 I'll에서 'll이 한국인이 발음하기에 가장 힘든 예이다. 그 이유는 'll은 will의 줄인 형태인데 'll'이 한국어에 없는 발음으로, 'l'은 혀를 입천장에 붙여서 소리를 내야 하는데, 한국어에는 이렇게 소리를 내는 것이 없기 때문이다.

5) 주의해야 할 발음

have to, Can't, can, Why, when

Can't와 **can**은 도우미동사로 기능낱말이기 때문에 약하게 발음한다. 그런데 can't 다음에 자음이 나오기 때문에 탈락되는 경우가 대부분이어서 can은 [kən]으로 can't는 [kæn]으로 발음하기로 약속이 되어 있다. 그런데 can이 문장 가운데 들어가는 경우가 [kən]으로 주로 발음되고 문장의 끝에 들어가는 경우에는 [kæn]으로 발음되는 경우가 대부분이다. can't는 기본적으로 [kæn]으로 발음되면서 can 보다 약간 길게 발음되는 경향이 있다.

Why와 **wh**en에서 wh~로 시작되는 낱말은 'w'뒤에 있는 'h'의 소리가 보통 들리지 않는다. 그러니까 Why는 '화이'라기 보다 '와이'에 가깝게, when은 '휀'은 '웬'에 가깝게 발음된다. 그러나 사람과 관련된 who, whose, whom은 예외로 'h'의 소리가 그대로 난다.

6) 기타

gonna

gonna는 허물없이 발음하는 경우의 예이다. gonna는 going to인데 입말체에서 '고잉 투'로 발음하지 않고 '가너'또는 '고너'로 발음하고, goingt to로 표기가 되어 있더라고 말을 할 때는 gonna로 발음하는 경우가 많다. going to에서 gonna로 바뀌는 과정은 '팝송영어 소리를 제대로 듣는 요령'에 나와 있는 설명을 참고하기 바란다.

* 팝송에 들어 있는 쓸모 있는 영어 표현들

1. I got to know just a minute too late: **got to**는 have got to에서 have가 생략되어 쓰이는 경우이다. have to은 영국영어에서 현재형으로 된 긍정문, 부정문, 의문문에서 소유 등을 나타내기 위해 일상적으로 쓰이는 동사이다.

I **got to** drive the latest model.
(나는 최신 모델의 자동차를 몰기 시작했다.)
It got to be after 1 a.m. and I was exhausted.
(새벽 한 시가 지나자 나는 지쳐 버렸다.)
Now I really got to go. I'm afraid to be late for the meeting.
(이제는 내가 정말 가야 돼. 내가 회의에 늦을지도 몰라.)

2. All the times we made love together: **all the times**는 일반적으로 자주 쓰이는 '내 내[줄곧], 늘, 항상, 아주 자주'라는 뜻으로 쓰이는 all the time과 다르다. 실제 노래에서도 times로 부르고 있는 것으로 봐서 all the times는 '모든 시간들'로 이해하는 것이 옳을 것이다. 그 이유는 바로 되에 이어지는 Made love together와 연결시켜 보면 더 잘 이해가 될 수 있을 것이다. time의 복수형인 times는 주로 '시대, 시기'라는 뜻으로 대부분 쓰인다.

make love는 '섹스[성관계]를 하다, (…와) 성교하다'이란 뜻으로 쓰인다. 예문들은 다음과 같다.

How often do you **make love**?

(너는 얼마나 자주 사랑을 하니?)

It was the first time they had made love.

(그때가 그들이 성관계를 처음 한 때였다.)

She likes me too and we make love all night.

(그녀 역시 나를 좋아해서 우리는 밤새도록 사랑을 나눈다.)

3. Baby you were thinking of him: **think of**는 '~을[를] 생각하다[머리에 떠올리다], (실제 또는 가능한 상황을) 생각[상상]하다, …을[를] 고려하다'라는 뜻으로 쓰인다. 예문들은 다음과 같다.

He doesn't care what people **think of** him.

(그는 사람들이 자기를 어떻게 생각하든 신경 쓰지 않는다.)

What do you think of the show so far?

(지금까지의 그 쇼[프로]에 대해 어떻게 생각하세요?)

They've done everything they can possibly think of.

(그들은 생각해 낼 수 있는 모든 것을 다 해 보았다.)

4. You should've told me: **should have 과거분사(pp)**는 '~ 했어야 했는데, ~무엇을 했었어야 했는데.. 유감이다'라는 뜻으로 쓰인다. 그러니까 '~ 했어야 했는데,

하지 못했다'라는 취지로 과거의 한 일 또는 행위에 대해 후회하는 경우에 쓰인다. 예문들은 다음과 같다.

She **should have called** her mom.
(그녀는 그녀의 엄마에게 전화를 했어야 했는데.)
You should not have eaten the food.
(너는 그 음식을 먹지 말았어야 했는데.)
I should have studied English harder.
(내가 좀 더 열심히 영어를 공부했어야 했는데.)

5. Ain't gonna show no weakness: **ain't**는 am not/is not/are not의 줄인형[축약형]과 has not/have not의 줄인형[축약형'이다. 예문들은 다음과 같다.

I **ain't** got no money.
(난 돈이 하나도 없다.)
Things ain't what they used to be.
(사정이 이전과는 다르다.)
Ain't that I don't want to help you.
(내가 너를 도와주고 싶지 않다는 게 아니야.)

6. I'm gonna keep my senses: **keep one's senses**는 '제정신을 잃지 않다, 본성을 확실히 지니다'라는 뜻이다.

7. I can think of nothing else but you: **nothing else but**은 '~을[를] 빼고는[제외하고] 다른 아무것도 아닌, ~뿐'이란 뜻으로 쓰인다. 여기서 but은 전치사로 '…외에'라는 뜻이다. 예문들은 다음과 같다.

English did **nothing else but** plunder.
(영국 사람들이 한 것이라곤 약탈뿐이다.)
I came here for nothing else but to see you.
(다름이 아니라 내가 자네를 보러 여기 온 것일세.)
There was nothing else but wheat as far as you could see.
(당신이 볼 수 있는 한 밀 이외에는 아무것도 없었다.)

but은 접속사, 전치사, 부사와 명사로 쓰이면서 뜻이 약간씩 다르다. '…외에'라는 뜻으로 쓰이는 전치사로 쓰인 but의 예문들은 다음과 같다.

The problem is anything **but** easy.

(그 문제가 결코 쉽지 않다.)

We've had nothing but trouble with this car.

(우리는 이 차 때문에 골치만 아파 왔다.)

Who but Rosa could think of something like that?

(로저 외에 누가 그런 생각을 하겠어?)

기억할 만한 영어 문장

1. Why do I love you?

   (왜 내가 당신을 사랑할까요?)

2. I'm gonna keep my senses.

   (나는 이성을 잃지 않을 거예요.)

3. Why did you have to be untrue?

   (왜 당신은 진실할 수 없었나요 ?)

* 팝송 에세이

우리가 사랑하는 이유를 찾아 볼 필요가 있다. 그냥 사랑하는 것인가? 사랑하는 어떤 이유가 있어서 사랑하는 것인가? 사랑하게 되는 계기가 우연에 이루어지고 그 우연은 필연으로 이어지는 경우가 많기 때문에 우리가 사랑하는 것이 우연의 결과냐 아니면 필연의 결과냐 하는 것은 알 수가 없다. 단지 사랑을 하게 된다는 그것만으로 우리의 삶의 모습은 달라지게 된다. 사랑하지 않는 사람과 사랑하는 사람의 모습, 표정과 기운은 많은 차이를 보인다. 사랑하는 사람의 표정과 행동은 상승 기류를 탄다. 표정은 업되고 행동은 적극적이다. 그만큼 사랑하는 힘은 강력할 수밖에 없다.

사랑하다가 헤어지게 되는 경우 사랑의 힘은 말할 수 없이 약해진다. 그 사랑의 힘을 회복하기 위해 어느 일정 기간 동안 이별 이유를 생각해 보게 되고 아쉬운 마음을 드러내 보이기도 한다. 이 노래는 "갑자기 그녀는 떠나네요 / 갑자기 사랑에 대한 약속도 사라졌어요 / 갑자기 숨쉬는 것조차 아주 어려워진 것 같아요"라며 시작된다. '갑자기' 사랑하던 여인이 떠나게 됨으로써 사랑하는 과정에 있어왔던 모든 약속도 수포로 돌아가게 되는 것이다. 그러다 보니 사랑의 상실감 때문에 숨을 제대로 쉬지 못할 정도로 그 고통은 심해지는 것이다. 곰곰이 그녀가 떠난 이유를 생각해보니 두 사람이 사랑을 나누는 동안 새로운 남자가 생긴 것을 알 수 있다. 그녀에게 새로운 사람이 생긴 것이다. 사랑을 잃게 되었지만 다른 사람들에게는 그렇지 않은 척 해보려고 하지만 그게 그렇게 쉽게 되는 것은 아님을 자신이 너무 잘 알고 있다. 자기 자신을 속이고 떠난 여인에게 진실할 수 없었던 여인에게 책망이나 비난이 아닌 말투로 "왜 나는 늘 그렇듯이 당신을 그토록 사랑할까요"라며 노래한다.

사랑은 사랑하는 사람들의 삶을 탄탄하게 해주고, 완벽하고 충만하고 온전한 것으로 될 수 있도록 만들어준다. 마치 완벽한 그 목표를 향해 위로 힘차게 나아가듯이 끊임없이 서로의 만남과 교감을 통해 확장된 자아를 펼쳐나가거나 소우주인 자신에서 점차 초월할 수 있는 계기가 마련된다. 사랑하는 사람들에게 이별은 일단 그런 자아 확장의 기회가 단절되기 때문에 이별의 아픔과 상처는 클 수밖에 없다. 얼마간의 시간이 흘러가면서 그런 고통과 상실감을 치유되긴 하겠지만 이별을 한 순간이나 이별한 지 얼마 되지 않은 경우에는 그 충격이 클 수밖에 없다. 달리 생각해보면 만남은 이별에 대한 표를 이미 예약해 놓았음에도 만날 때는 그런 사실을 쉽게 알 수가 없다.

★ 덧붙이는 글 ★

여섯째 연 I can think of nothing else but you에서 can 대신에 can't가 제시되고 있는데 의미상의 can이 되어야 한다. 그런데 발음상으로는 같기 때문이다.

Come Away With Me

Sung by Norah Jones

Come away with me in the night
Come away with me
And I will write you a song

Come away with me on a bus
Come away with me where they can't tempt us
With their lies

I want to walk with you
On a cloudy day
In fields where the yellow grass grows knee-high
So won't you try to come

Come away with me and we'll kiss
On a mountain top
Come away with me
And I'll never stop loving you

And I want to wake up with the rain
Falling on a tin roof
While I'm safe there in your arms
So all I ask is for you
To come away with me in the night
Come away with me

나와 함께 떠나요

노라 존스의 노래

밤에 나와 함께 떠나요
나와 함께 떠나요
그리고 당신을 내 노래에 담고

버스를 타고 나와 함께 떠나요
나와 함께 떠나요
사람들이 거짓말로 우리를 유혹할 수 없는 곳으로

어느 흐린 날
난 당신과 함께 나란히 걷고 싶죠
노란 풀이 무릎 높이까지 자란 들판에서
그래서 당신은 가보시지 않을래요

나와 함께 떠나서 입맞춤 해요
산꼭대기에서
나와 함께 떠나요
그리고 난 당신을 사랑하는 걸 결코 멈출 수 없어요

그리고 난 양철 지붕 위에 떨어지는 비로 깨우고 싶어요
내가 당신의 두 팔에 안겨 안전하게 있는 동안에
그래서 내가 요구하는 모든 건 당신을 위한 거예요
밤에 나와 함께 떠나요
나와 함께 떠나요

* 영어 발음 제대로 듣거나 말하기

1) 이어지는 소리(연음)의 경우

(1) 약모음 이동

Come away, on a

Come away에서 away의 a가 약모음 [ə]가 되어 앞 낱말 끝부분에 가서 붙어 '카머 웨이'로 발음된다. on a에서 a가 약모음 [ə]가 되어 앞 낱말 끝부분에 가서 붙어 '어너'로 발음된다.

(2) 자음 이동

And I, tempt us, wake up, all I, ask is

And I에서 And의 자음 d가 뒤에 있는 낱말 앞부분에 가서 붙어 '앤 다이'로 발음된다. all I도 마찬가지 경우이다. tempt us에서 tempt의 자음 t가 뒤에 있는 낱말 앞부분에 가서 붙어 '템퍼 터스'로 발음된다. wake up에서 wake의 자음 k가 뒤에 있는 낱말 앞부분에 가서 붙어 '웨이 컵'으로 발음된다. wake의 끝에 있는 모음 e는 약하게 발음되기 때문에 무시해도 될 정도이다. ask is에서 ask의 자음 k가 뒤에 있는 낱말 앞부분에 가서 붙어 '애스 키즈'로 발음된다.

2) 없어지는 소리(탈락)의 경우

can't tempt, tempt, with their, want to, walk with, fields, with the

can't tempt에서 can't의 t와 tempt의 t는 같은 철자이면서 겹쳐서 나오기 때문에 앞의 t가 탈락되어 '캔 템트'로 발음된다. with their, want to와 with the도 마찬가지 경우이다.

tempt에서 tempt의 p는 자음 m과 자음 t 사이에 놓이기 때문에 탈락되어 '템트'로 발음된다. 이와 같이 자음과 자음 사이에 놓이는 여섯 개의 파열음인 철자—k/g, p/b, t/d—사이에 놓여 탈락되는 예로 walk with와 fields가 해당된다.

3) 닮는 소리(동화)의 경우

won't you

won't you에서 won't의 t[t]와 you의 y[j]가 합쳐져 서로 닮아서 [tʃ]로 바뀌어 '오운츄'에 가깝게 발음된다. 따라서 이런 현상은 영국영어(British English) 보다 미국영어(American English)에서 자주 나타나는 현상이다.

4) 줄어진 소리(축약)의 경우

can't, won't, we'll, I'm

부정형인 can't와 won't, 도우미동사(조동사)의 경우인 we'll, be 동사의 경우인 I'm이 있다. 이 가운데 we'll에서 'll이 한국인이 발음하기에 가장 힘든 예이다. 그 이유는 'll은 will의 줄인 형태인데 'll'이 한국어에 없는 발음으로, 'l'은 혀를 입천장에 붙여서 소리를 내야 하는데, 한국어에는 이렇게 소리를 내는 것이 없기 때문이다.

5) 주의해야 할 발음

where, can't

where에서 wh~로 시작되는 낱말은 'w'뒤에 있는 'h'의 소리가 보통 들리지 않는다. 그러니까 where는 '훼어'라기 보다 '웨어'에 가깝게 발음된다. 그러나 사람과 관련된 who, whose, whom은 예외로 'h'의 소리가 그대로 난다.

can't와 can은 도우미동사로 기능낱말이기 때문에 약하게 발음한다. 그런데 can't 다음에 자음이 나오기 때문에 탈락되는 경우가 대부분이어서 can은 [kən]으로 can't는 [kæn]으로 발음하기로 약속이 되어 있다. 그런데 can이 문장 가운데 들어가는 경우가 [kən]으로 주로 발음되고 문장의 끝에 들어가는 경우에는 [kæn]으로 발음되는 경우가 대부분이다. can't는 기본적으로 [kæn]으로 발음되면서 can 보다 약간 길게 발음되는 경향이 있다.

* 팝송에 들어 있는 쓸모 있는 영어 표현들

1. Come away with me in the night: **come away**는 1) '…에서 떠나다'와 2) '(~에서) 떨어져 나가다'라는 뜻으로 쓰인다. 이 노래에서는 1)의 뜻으로 쓰이고 있다.

   1)의 예문들은 다음과 같다.

   I don't want to **come away** empty-handed.
   (난 빈손으로 돌아오긴 싫어.)

   Come away with me and we'll get married.
   (나와 멀리 함께 떠나서 결혼해요.)

   I can't come right away; I'll be there presently.
   (내가 당장에 갈 수 없지만, 조금 있다가 곧 거기 가겠다.)

   2)의 예문들은 다음과 같다.

   The plaster had started to **come away** from the wall.
   (벽의 회반죽들이 떨어져 나가기 시작한 상태였다.)

   Please come away from the fire. You might get burned!
   (불에서 떨어져. 너 불에 데일라!)

2. Come away with me where they can't tempt us: **they**는 일반사람들 즉, 나와 당신이라는 사랑하는 관계 이 외의 사람들이라고 볼 수 있다. **tempt**는 1) '(좋지 않은 일을 하도록) 유혹하다[부추기다]', 2) '(어떤 것을 제의하거나 하여) 유도하다'와 3) '신의 뜻을 거역하다, 신을 시험하다'라는 뜻으로 쓰인다. 이 노래에서는 1)의 뜻으로 쓰이고 있다.

   1)의 예문들은 다음과 같다.

   I was **tempted** by the dessert menu.
   (나는 디저트 메뉴에 유혹당했다.)

   Cars like that may tempt drivers to speed.
   (저런 종류의 차종은 운전자로 하여금 속력을 내게끔 유혹한다.)

Don't tempt thieves by leaving valuables clearly visible.

(귀중품들을 확연히 눈에 띄게 두어서 도둑들을 유혹하지[부추기지] 않도록 하라.)

2)의 예문들은 다음과 같다.

Nothing would **tempt** me to live here.

(그 무엇을 준다 해도 난 여기 살고 싶지 않겠다.)

His ambition tempted him into politics.

(그는 대망을 품고 정치에 뜻을 두었다.)

How can we tempt young people into engineering?

(우리가 어떻게 젊은이들이 공학 분야로 들어오도록 유도할 수 있을까요?)

3)의 예문들은 다음과 같다.

To do a rash act is to **temp**t Providence.

(경솔한 짓을 한다는 것은 스스로 신의 벌을 받으려함과 같다.)

It is tempting Providence to go in that old boat.

(저런 낡은 배로 간다는 것은 무모한 짓이다.)

Don't commit a sin or you will tempt Providence.

(죄를 범하지 마라 안 그러면 신의 노여움을 살 것이다.)

3. the yellow grass grows knee-high: **knee-high**는 '무릎까지 올라오는'이란 뜻으로 쓰인다. 예문들은 다음과 같다.

The grass has grown **knee-high**.

(풀이 무릎 높이까지 자랐다.)

We built a sand knee-high castle.

(우리들은 무릎 높이의 모래성을 쌓았다.)

They trekked from shop to shop in search of white knee-high socks.

(그들은 무릎까지 오는 흰 양말을 찾으려고 가게마다 돌아다녔다.)

4. And I'll never stop loving you: stop+동명사의 형태로 **stop loving**은 '사랑하는 행위를 그만둔다'이다. 따라서 And I'll never stop loving you는 '그리고 나는 당신을 사랑하는 것을 결코 그만두지 않을 것이다'이기 때문에 '그리고 나는 앞으로 계속 사랑 할 것이라'라는 뜻으로 이해할 수 있다.

기억할 만한 영어 문장

1. Come away with me in the night.
   (밤에 나와 함께 떠나요.)
2. Come away with me and we'll kiss.
   (나와 함께 떠나서 우리 입맞춤해요.)
3. I want to walk with you on a cloudy day.
   (어느 흐린 날 나는 당신과 함께 나란히 걷고 싶어요.)

* 팝송 에세이

어딘가로 떠나고 싶은 마음은 대부분의 사람들에게 있는 욕망일 것이다. 일종의 여정(journey)이라고 할 수 있는 것은 어떤 장소에서 또 다른 장소로 옮겨가는 것이다. 여행의 경우도 마찬가지일 것이다. 여정에 있어서 자질구레한 목표는 있을지 모르지만 따지고 보면 여정의 특별한 목적은 없다. 단지 여정을 떠나기 전과 떠난 후의 달라진 느낌이나 태도는 여정의 열매일 것이다. 혼자서 떠나는 경우도 있지만, 사랑하는 사람과 떠나고 싶은 마음은 누구나 갖고 있는 심정일 것이다.

"밤에 나와 함께 떠나요 / 나와 함께 떠나요 / 그리고 당신을 내 노래에 담고"로 시작되는 이 노래에서 떠나는 시기, 함께 떠나야 할 대상과 떠날 때의 기분이 함축되어 표현되고 있다. '밤'은 다른 사람들이 쉽게 알아차리지 못할 시간대라고 할 수 있다. 함께 떠나야 할 대상은 단 둘이서 즐겁게 노래하면서 기분좋게 떠나고 싶다는 것이다. 다른 사람들의 눈에 띄지 않게 버스를 타고 일상의 테두리를 벗어나서 다른 사람들이 거짓말을 하지 않는 진실만이 있는 곳이나 들판이나 산꼭대기로 가고 싶다는 것이다. 진심어린 마음으로 진솔하게 만남을 가질 수 있는 사랑하는 연인들은 "그리고 난 양철 지붕 위에 떨어지는 비로 깨우고 싶어요 / 내가 당신의 두 팔에 안겨 안전하게 있는 동안에 / 그래서 내가 요구하는 모든 건 당신을 위한 거예요 / 밤에 나와 함께 떠나요 / 나와 함께 떠나요"라며 제안하는 것이다. 마치 한 폭의 그림처럼 보여진다.

사랑하는 두 사람만이 공유하는 시간과 공간, 일상의 번거로움이나 거짓스러움에서 벗어난 어떤 곳에서 서로를 위한 마음을 진솔하게 드러내고 서로 교감할 수 있는 곳으로 떠나는 여정은 재충전의 과정이고 치유의 과정이고 자아 확장의 기회이다.

One

Sung by Ed Sheeran

Tell me that you turned down the man
Who asked for your hand
'Cause you're waiting for me
And I know,
You're gonna be away a while
But I've got no plans at all to leave
And would you take away my hopes and dreams
And just stay with me... Ohhhh

All my senses come to life
While I'm stumbling home as drunk as I
Have ever been and I'll never leave again
'Cause you are the only one
And all my friends have gone to find
Another place to let their hearts collide
Just promise me, you'll always be a friend
'Cause you are the only one

Take my hand and my
Heart and soul, I will
Only have these eyes for you
And you know,
Everything changes but
We'll be strangers if we see this through
You could stay within these walls and bleed

Or just stay with me
Oh lord, now

All my senses come to life

While I'm stumbling home as drunk as I
Have ever been and I'll never leave again
'Cause you are the only one
And all my friends have gone to find
Another place to let their hearts collide
Just promise me, you'll always be a friend
'Cause you are the only one

I'm stumbling off drunk, getting myself lost
I am so gone,
So tell me the way home
I listen to sad songs,
Singing about love
And where it goes wrong

All my senses come to life
While I'm stumbling home as drunk as I
Have ever been and I'll never leave again
'Cause you are the only one
And all my friends have gone to find
Another place to let their hearts collide
Just promise me, you'll always be a friend
'Cause you are the only one

너

에드 쉬런의 노래

나한테 말해 줄래 너에게 청혼한 그를 거절했다고
왜냐하면 넌 날 기다리고 있었으니깐
그리고 난 알아,
너가 잠시 떠나 있을 거란 것도
하지만 난 떠날 계획이 전혀 없거든
그리고 내 모든 희망과 꿈을 앗아갈 거야
그리고 그냥 내 곁에 있어 줄래... 오

모든 감각들이 살아나
난 전에 취했던 것처럼 비틀거리며 집으로 향하는 동안에
그리고 난 절대 다시 떠나지 않을 거야
왜냐하면 내겐 너 뿐이니깐
그리고 내 친구들 모두는 또 다른 곳을 찾아 떠났어
그들의 마음이 부딪칠 수 있는 곳으로
그저 나에게 약속만 해, 넌 항상 나의 친구가 되어준다고
왜냐하면 너뿐이니깐

내 손 그리고 내
마음과 영혼을 잡아, 난
너만 바라볼 거야
그리고 너도 알겠지,
모든 것이 변하지만
우리가 끝까지 간다면, 우린 남이 되겠지
넌 이 벽들 안에 머물러 피를 흘릴 수 있지

아니면, 단지 내 곁에 머물러죠
오 신이시여, 지금

모든 감각들이 살아나
난 전에 취했던 것처럼 비틀거리며 집으로 향하는 동안에
그리고 난 절대 다시 떠나지 않을 거야
왜냐하면 내겐 너 뿐이니깐
그리고 내 친구들 모두는 또 다른 곳을 찾아 떠났어
그들의 마음이 부딪칠 수 있는 곳으로
그저 나에게 약속만 해, 넌 항상 나의 친구가 되어준다고
왜냐하면 너뿐이니깐

난 술에 취해 비틀되었고, 나를 잃었지
난 너무 취했어.
그러니 집에 가는 법을 나에게 좀 알려 줄래
나는 슬픈 노래를 들어.
사랑에 대한 노래를 들으면서
그리고 잘못 흘러가는 것 같아

모든 감각들이 살아나
난 전에 취했던 것처럼 비틀거리며 집으로 향하는 동안에
그리고 난 절대 다시 떠나지 않을 거야
왜냐하면 내겐 너 뿐이니깐
그리고 내 친구들 모두는 또 다른 곳을 찾아 떠났어
그들의 마음이 부딪칠 수 있는 곳으로
그저 나에게 약속만 해, 넌 항상 나의 친구가 되어준다고
왜냐하면 너뿐이니깐

* 영어 발음 제대로 듣거나 말하기

1) 이어지는 소리(연음)의 경우

(1) 약모음 이동

be **away** **a**, ta**ke** **a**way, **be** **a**, lea**ve** **a**gain,

be **away** **a**에서 away의 a가 약모음 [ə]가 되어 앞 낱말 끝부분에 가서 붙어 '비어 웨이어'로 발음된다. take away도 마찬가지 경우이다. ta**ke** **a**way에서 away의 a가 약모음 [ə]가 되어 앞 낱말 끝부분에 가서 붙어 '테이커 웨이'로 발음된다. b**e** **a**에서 a가 약모음 [ə]가 되어 앞 낱말 끝부분에 가서 붙어 '비어'로 발음된다. lea**ve** **a**gain에서 again의 a가 약모음 [ə]가 되어 앞 낱말 끝부분에 가서 붙어 '리버 겐'또는 '리버 게인'으로 발음된다. again은 미국영어)(American English)와 영국영어(British English)에서 발음이 다르다. 이것은 미국영어에서는 어겐[əgen]으로 발음되고, 영국영어에서는 어게인[əgein]으로 발음된다.

2) 없어지는 소리(탈락)의 경우

turn**ed** down, jus**t** stay, frien**ds**, le**t** their, coul**d** stay

turn**ed** down에서 turned의 -ed 발음 [d]와 down의 d가 발음이 같아서 앞의 [d]가 탈락되어 '턴 다운'으로 발음된다.

jus**t** stay에서 just에서 t는 stay의 자음 s 사이에 놓이기 때문에 탈락되어 '저스 스떼이'에 가깝게 발음이 된 후, just의 s와 stay의 s가 같은 철자로 겹쳐서 나오기 때문에 앞의 s가 탈락되어 '저스 떼이'에 가깝게 발음된다. 이와 같이 자음과 자음 사이에 놓이는 여섯 개의 파열음인 철자—k/g, p/b, t/d—사이에 놓여 탈락되는 예로 frien**ds**와 coul**d** stay가 해당된다.

le**t** their에서 let의 t와 their의 th- 발음 [ð]와 비슷한 발음이기 때문에 앞의 t가 탈락되어 '레 데어'에 가깝게 발음된다.

3) 닮는 소리(동화)의 경우

waiting

waiting에서 t가 강모음과 약모음 사이에 놓이면 단타음(單打音)으로 되어 t도, d도, r도 아닌 발음이 된다. waiting은 '웨이링'에 가깝게 발음된다. 이 소리는 한글로 표기 할 수 없으며 오직 소리로만 익힐 수밖에 없다. 특히 미국영어(American English)에서 두드러진 현상이다.

4) 줄어진 소리(축약)의 경우

'Cause, I've, I'll, you'll, We'll, I'm

'Cause는 Because의 줄인 형태이다.

have 동사의 경우인 I've, 도우미동사(조동사)의 경우인 I'll, you'll와 We'll, be 동사의 경우인 I'm이 있다. 이 가운데 I'll, you'll과 We'll에서 'll이 한국인이 발음하기에 가장 힘든 예이다. 그 이유는 'll은 will의 줄인 형태인데 'll'이 한국어에 없는 발음으로, 'l'은 혀를 입천장에 붙여서 소리를 내야 하는데, 한국어에는 이렇게 소리를 내는 것이 없기 때문이다.

5) 주의해야 할 발음

gonna, dreams

gonna는 허물없이 발음하는 경우의 예이다. gonna는 going to인데 입말체에서 '고잉 투'로 발음하지 않고 '가너'또는 '고너'로 발음하고, going to로 표기가 되어 있더라고 말을 할 때는 gonna로 발음하는 경우가 많다. going to에서 gonna로 바뀌는 과정은 '팝송영어 소리를 제대로 듣는 요령'에 나와 있는 설명을 참고하기 바란다.

dreams에서 'dr~'의 발음은 '드_'와 '주'의 중간쯤 되는 소리로 '쥬'에 가깝게 발음된다. dreams는 '드림즈'라기 보다 '쥬림즈'에 가깝게 발음된다.

* 팝송에 들어 있는 쓸모 있는 영어 표현들

1. turned down: **turn down**은 1) '~을[를] 거절[거부]하다'와 2) '(소리 · 온도 등을) 낮추다'라는 뜻으로 쓰인다. 이 노래에서는 1)의 뜻으로 쓰이고 있다.

   1)의 예문들은 다음과 같다.

   Why did she **turn down** your invitation?
   (그녀가 왜 당신 초대를 거절했나요?)
   You can't just turn down offers of work like that.
   (당신은 일자리 제의를 그렇게 그냥 거절해 버리면 안 돼.)
   I relish the challenge of doing jobs that others turn down.
   (나는 다른 사람들이 거부하는 일에 도전하는 것을 좋아한다.)

   2)의 예문들은 다음과 같다.

   Please **turn** the volume **down**.
   (소리 좀 낮춰 주세요.)
   Turn the heat down or it'll burn.
   (불 낮춰. 안 그러면 그게 탈거야.)
   That music's too loud—please turn it down.
   (저 음악이 너무 커. 좀 낮춰 줘.)

2. take away: **take away**는 take sth away로 쓰여 '(감정 · 통증 등을) 없애 주다, (패스트푸드점 등에서 산 음식을 거기서 먹지 않고) 가지고 가다'와 '제거하다, 치우다, 줄이다, 죽이다, 떠나가다'라는 뜻으로 쓰인다. 이 노래에서는 희망과 꿈이 그 다음에 나오기 때문에 '제거하다, 빼앗아 가버리다'라는 뜻으로 쓰인다고 볼 수 있다.

3. come to life: **come to life**는 '활기를 띠다, 살아 움직이다'라는 뜻으로 쓰인다. 더 나아가 come to life again은 '소생하다', come to vivid life는 '활기에 넘치다, 생기가 돌다'라는 뜻으로 쓰인다. 예문들은 다음과 같다.

Now Barbie really has **come to life**!
(이제 정말로 바비가 살아났어요!)
Spring is the season when all living things come to life.
(봄은 만물이 소생하는 계절이다.)
Imagine what other fossils could come to life in this area!
(어떤 다른 화석들이 이 지역에서 다시 살아날 지 상상해보세요!)

A drooping plant **comes to life again** in water.
(시들고 있는 식물이 물속에서 활기를 찾다.)
Through the queen's stage, George Gershwin came to life again.
(여왕의 무대를 통해 조지 거슈윈은 되살아났다.)
After a rain the drooping grass and plants have come to life again.
(비가 오자 시든 초목이 다시 살아났다.)

4. let their hearts collide: 주된 동사 다음에 목적어가 오고 그 다음에 to 부정사가 오는 것이 기본이다. 그런데 주된 동사 자리에 허락이나 허용을 하는 동사**(let)**이 오면 그 다음 목적어(their hearts) 다음에 알몸동사(원형동사)**(collide)**가 온다.

5. see this through: **see through**는 see sb through로 쓰여 1) ('(특정한 기간 동안) ~을[를] 도와[견디게 해] 주다/~가 나도록[견디도록] 해 주다'라는 뜻으로, see sth through는 2) '(포기하지 않고) ~을[를] 끝까지 해내다'라는 뜻으로 쓰인다. 그리고 see through sb/sth은 3) '~을[를] 간파하다'라는 뜻으로 주로 쓰인다. 이 노래에서는 2)의 뜻으로 쓰이고 있다.

1)의 예문들은 다음과 같다.

I only have $20 to **see** me **through** the week.
(나는 한 주를 날 돈으로 20달러밖에 가지고 있지 않다.)
Her courage and good humour saw her through.
(그녀의 용기와 유머 감각이 그녀를 견디게 해 주었다.)
I think maybe I'll see it through, just this once.
(내가 그걸 도와준다면 딱 이번만이야.)

2)의 예문들은 다음과 같다.

She's determined to **see** the job **through**.

(그녀는 그 일을 끝까지 해내리라 작정하고 있다.)

I want to see the job through to the finish.

(나는 그 일을 끝까지 다 보고 싶다.)

As long as I have started this, I'd better see it through.

(모처럼 시작한 일이니 내가 끝을 봐야겠다.)

3)의 예문들은 다음과 같다.

I can **see through** your little game.

(당신의 되잖은 수작을 난 간파할 수 있어.)

We saw through him from the start.

(우리는 처음부터 그를 간파했다.)

Look closer, and you will see it through.

(자세히 보면 그 일이 간파된다.)

6. stumbling off: stumble off: **stumble**은 '발이 걸리다, 발을 헛디디다, 비틀거리다'와 '(말 · 글 읽기 · 연주를 하다가) 더듬거리다'라는 뜻으로 쓰이는데 여기서는 뒤에 나오는 drunk가 나오기 때문에 술에 취해 비틀거린다고 볼 수 있다.

기억할 만한 영어 문장

1. All my senses come to life.
   (내 모든 감각이 살아있어.)
2. I will only have these eyes for you.
   (난 너만 바라볼 거야.)
3. We'll be strangers if we see this through.
   (우리 끝까지 간다면, 우린 남이 되겠지.)

* 팝송 에세이

사랑하는 사람을 향한 절규나 간청은 받아들여질 수 있을까? 청혼한 다른 남자의 제안을 거절하고 자기 곁에 있으면서 자기를 사랑해 달라는 간절한 마음을 노래하고 있다. 술에 취해 비틀거리면서 집으로 가는 동안에도 정신은 멀쩡해져서 다시는 떠나지 않을 것이라고 맹세까지 한다. 그 이유는 사랑하는 사람이 유일한 사람이기 때문이다. 모든 친구들이 떠난다 할지라도 항상 자신의 친구가 되어달라고 요구한다.

간절한 소망을 들어질 수 있을까? 간절하다고 해서 소망이 들어지는 것은 아닐 것이다. 그렇지만 여전히 얼마 동안 마음에 절절하게 남아 있어서 "난 술에 취해 비틀되었고, 나를 잃었지 / 난 너무 취했어, / 그러니 집에 가는 법을 나에게 좀 알려 줄래 / 나는 슬픈 노래를 들어 / 사랑에 대한 노래를 들으면서 / 그리고 잘못 흘러가는 것 같아"라며 삶의 의미를 모두 잃고 있는듯한 느낌이 들지만 어쩔 수 없이 손을 내밀 수밖에 없는 처지가 될 것이다.

사랑하는 이가 떠남으로써 자신의 모든 희망과 꿈을 앗아 가버렸다고 생각할지 모르지만 새로운 희망과 꿈을 찾아 다시 나서는 발걸음은 또 다른 세계를 만날 수 있는 계기가 될 것이다. 사랑했던 사람과의 아름다운 이야기를 마음속에 간직하고 또 다른 한편으로 새로운 사람을 만나 더 넓게 자신의 사랑의 세계를 펼쳐나간다면 자아를 넓힐 수 있는 소중한 기회가 될 것이다. 시간과 더불어 모든 것은 변하듯이 변하지 않고 영원한 것은 없다는 사실을 깨닫게 된다면 사랑의 세계에도 마찬가지로 적용될 수 있을 것이다. 설령 사랑하는 대상은 되지 않을 지 모르지만 일정한 거리를 둔 친구로서는 남을 수 있을 것이다.

I Hate U I Love U

Sung by Gnash(feat. Olivia O'Brien)

Feeling used
But I'm still missing you
And I can't see the end of this

Just wanna feel your kiss
Against my lips
And now all this time is passing by
But I still can't seem to tell you why
It hurts me every time I see you
Realize how much I need you

I hate you I love you
I hate that I love you
Don't want to, but I can't put
Nobody else above you
I hate you I love you
I hate that I want you
You want her, you need her
And I'll never be her

I miss you when I can't sleep
Or right after coffee
Or right when I can't eat
I miss you in my front seat
Still got sand in my sweaters
From nights we don't remember
Do you miss me like I miss you?
Fucked around and got attached to you
Friends can break your heart too, and
I'm always tired but never of you

If I pulled a you on you, you wouldn't like that shit
I put this reel out, but you wouldn't bite that shit
I type a text but then I never mind that shit
I got these feelings but you never mind that shit
Oh oh, keep it on the low
You're still in love with me but your friends don't know
If you wanted me you would just say so
And if I were you, I would never let me go
I don't mean no harm
I just miss you on my arm
Wedding bells were just alarms
Caution tape around my heart
You ever wonder what we could have been?
You said you wouldn't and you fucking did
Lie to me, lie with me, get your fucking fix
Now all my drinks and all my feelings are all fucking mixed
Always missing people that I shouldn't be missing
Sometimes you gotta burn some bridges just to create some distance
I know that I control my thoughts and I should stop reminiscing
But I learned from my dad that it's good to have feelings
When love and trust are gone
I guess this is moving on
Everyone I do right does me wrong
So every lonely night, I sing this song

I hate you I love you
I hate that I love you
Don't want to, but I can't put
Nobody else above you
I hate you I love you
I hate that I want you
You want her, you need her
And I'll never be her

All alone I watch you watch her
Like she's the only girl you've ever seen
You don't care you never did
You don't give a damn about me
Yeah all alone I watch you watch her
She's the only thing you've ever seen
How is it you never notice
That you are slowly killing me

I hate you I love you
I hate that I love you
Don't want to, but I can't put
Nobody else above you
I hate you I love you
I hate that I want you
You want her, you need her
And I'll never be her

난 널 증오해 난 널 사랑해

내쉬(특별출연 올리비아 오버리언)의 노래

이용당한 느낌이야
하지만 말야 난 아직도 널 그리워하고 있어
그리고 말야 난 이것의 끝을 볼 수 없어

그저 내 입술에 닿는 네 입맞춤을 느끼고 싶을 뿐이야
그리고 지금 이 모든 시간이 흘러가고 있어
하지만 난 아직도 너에게 이유를 말할 수 없을 것 같애
왜 너를 볼 때 마다 내 마음이 아픈지
나에게 너가 얼마나 필요한지 알아

난 널 증오해 난 널 사랑해
난 널 증오해 난 널 사랑해
그러고 싶지 않은데, 하지만 난
너보다 중요한 다른 어떤 사람을 생각할 수 없어
난 널 증오해 난 널 사랑해
내가 널 원한다는 사실이 싫어
넌 그녀를 원하고 넌 그녀를 필요로 해
그리고 난 절대 그녀가 될 수 없어

잠들지 못할 때 난 너가 그리워
혹 커피 바로 마신 후에도
혹 밥이 바로 넘어가지 않을 때도
조수석에 앉아 있는 너의 모습이 그리워
우리가 기억하지 못하는 밤에 내 스웨터 속 모래가 아직 남아 있어
내가 널 그리워하는 만큼 너도 그리워하니?
장난치다 너에게 빠져 버렸지
친구들 또한 네 마음을 아프게 할 수 있지 그리고
난 항상 피곤하지만 절대 너에게 싫증이 난 게 아니야
내가 만약 너처럼 너한테 굴었다면 너도 싫어했을 거야
밀당하려 했지만 너한텐 먹히지도 않았겠지
문자를 보내지만 그건 결코 개의치 않아
내가 이런 감정이 들어도 너는 결코 그것에 신경도 안 쓰겠지
오 오 그걸 그냥 비밀로 남기자
너가 아직 날 사랑하지만 네 친구들은 모르잖아
너가 날 원하면 그냥 그렇게 말해줘
그리고 만약 내가 너였다면 난 나를 절대 보내지 않을 거야
난 해칠 마음은 없어
내 품안의 너가 그리울 뿐이야

결혼식의 종소리도 그저 알람이었어
내 심장을 둘러싼 경고 테이프
우리가 어떻게 됐을지 궁금해 한적 있어?
너는 그러지 않겠다고 했는데 넌 나에게 거짓말을 했고, 나와 함께 있으면서 거짓말을 하고 그걸 고치려 하고
이제 내 모든 술과 내 모든 감정들이 전부 뒤섞였어
내가 그리워 해선 안되는 사람을 늘 그리워하고 있고
때로는 거리를 두기 위해 사람과의 관계를 영원히 악화시켜야 할 때도 있어
내 생각을 제어하고 그만 추억에 잠기지 말아야 된다는 걸 알아
하지만 감정을 갖고 있는 건 좋은 거라고 아버지가 말씀하신 것으로 난 알게 되었지
사랑과 믿음이 깨졌을 때
떠나야 할 때라고 생각해
내가 잘 해주는 사람들이 나를 나쁘게 대해
그래서 외로운 밤이면 난 이 노래를 불러

난 널 증오해 난 널 사랑해
내가 널 사랑한다는 사실이 싫어
그러고 싶지 않은데, 하지만 난
너보다 중요한 다른 어떤 사람을 생각할 수 없어
난 널 증오해 난 널 사랑해
내가 널 원한다는 사실이 싫어
넌 그녀를 원하고 넌 그녀를 필요로 해
그리고 난 절대 그녀가 될 수 없어

홀로 남아 너가 그녀를 쳐다보는 걸 보고 있어
마치 그녀가 너가 본 유일한 여자인 것처럼.
넌 신경 쓰지도 않아 그런 적도 없고
넌 나에게는 정말 신경도 쓰지 않아
그래 이제 홀로 남아 너가 그녀를 쳐다보는 걸 보고 있어.
그녀는 너가 지금까지 보아온 유일한 존재인가 봐
어떻게 넌 결코 알지 못하지
너가 나를 천천히 죽이고 있었다는 것을

난 널 증오해 난 널 사랑해
내가 널 사랑한다는 사실이 싫어
그러고 싶지 않은데, 하지만 난
너보다 중요한 다른 어떤 사람을 생각할 수 없어
난 널 증오해 난 널 사랑해
내가 널 원한다는 사실이 싫어
넌 그녀를 원하고 넌 그녀를 필요로 해
그리고 난 절대 그녀가 될 수 없어

* 영어 발음 제대로 듣거나 말하기

1) 이어지는 소리(연음)의 경우

(1) 약모음 이동

Fuck**ed a**round, pull**ed a**, typ**e a**, jus**t a**larms, A**ll a**lone, giv**e a**

Fuck**ed a**round에서 around의 a가 약모음 [ə]가 되어 앞 낱말 끝부분에 가서 붙어 '훠커터 라운드'로 발음된다. pull**ed a**에서 a가 약모음 [ə]가 되어 앞 낱말 끝부분에 가서 붙어 '풀더'로 발음된다. type a와 give a도 마찬가지 경우이다. jus**t a**larms에서 alarms의 a가 약모음 [ə]가 되어 앞 낱말 끝부분에 가서 붙어 '저스터 람즈'로 발음된다. A**ll a**lone에서 alone의 a가 약모음 [ə]가 되어 앞 낱말 끝부분에 가서 붙어 '오러 론'으로 발음된다.

(2) 자음 이동

en**d o**f, lo**ve y**ou, abo**ve y**ou, san**d i**n, I**f I**, kee**p i**t, sti**ll i**n, i**s i**t

en**d o**f에서 end의 자음 d가 뒤에 있는 낱말 앞부분에 가서 붙어 '엔 더브'로 발음된다. of는 기능어로 약하게 발음되기 때문에 [əv] 또는 [ə]로 발음된다. lo**ve y**ou에서 love의 자음 v가 뒤에 있는 낱말 앞부분에 가서 붙어 '러 뷰'로 발음된다. love의 끝에 있는 모음 e는 약하게 발음되기 때문에 무시해도 될 정도이다. above you도 마찬가지 경우이다. san**d i**n에서 sand의 자음 d가 뒤에 있는 낱말 앞부분에 가서 붙어 '샌 딘'으로 발음된다. I**f I**에서 If의 자음 f가 뒤에 있는 낱말 앞부분에 가서 붙어 '이 파이'에 가깝게 발음된다. kee**p i**t에서 keep의 자음 p가 뒤에 있는 낱말 앞부분에 가서 붙어 '키 핏'으로 발음된다. is it도 마찬가지 경우이다. sti**ll i**n에서 still의 자음 ll이 뒤에 있는 낱말 앞부분에 가서 붙어 '스띠 린'에 가깝게 발음된다.

2) 없어지는 소리(탈락)의 경우

can't see, Just wanna, Against my, And now, can't seem, Don't want, want to, can't put, want her, can't sleep, front seat, don't remember, Friends, heart too, tired but, wouldn't like, put this, wouldn't bite, text but, but then, mind that, got these, don't know, just say, don't mean, just miss, shouldn't be, just to, should stop, learned from, don't care, don't give

can't see에서 can't의 t는 자음 n과 see의 자음 s 사이에 놓이기 때문에 탈락되어 '캔 시'로 발음된다. 이와 같이 자음과 자음 사이에 놓이는 여섯 개의 파열음인 철자—k/g, p/b, t/d—사이에 놓여 탈락되는 예로 Just wanna, Against my, And now, can't seem, Don't want, can't put, want her, can't sleep, front seat, don't remember, Friends, wouldn't like, wouldn't bite, text but, don't know, just say, don't mean, just miss, shouldn't be, should stop, don't care와 don't give가 해당된다.

want to에서 want의 t와 to의 t는 같은 철자이고 겹쳐서 나오기 때문에 앞의 t가 탈락되어 '완 터'로 발음된다. heart too와 just to도 마찬가지 경우이다.

tired but에서 tired의 -ed 발음 [d]는 앞의 자음 r과 but의 자음 b 사이에 놓이는 파열음이기 때문에 탈락되어 '타이어 벗'으로 발음된다.

put this에서 put의 t와 this의 th- 발음 [ð]가 비슷하기 때문에 앞의 t가 탈락되어 '푸 디스'에 가깝게 발음된다. but then와 got these도 마찬가지 경우이다.

mind that에서 mind의 d는 that의 th- 발음 [ð]와 발음이 비슷하기 때문에 앞의 d가 탈락되어 '마인 댓'에 가깝게 발음된다.

learned from에서 learned의 -ed 발음 [d]의 앞에 있는 자음 n과 from의 자음 f 사이에 놓이는 파열음이기 때문에 탈락되어 '런 훠럼'에 가깝게 발음된다.

3) 닮는 소리(동화)의 경우

But I, need you, hate you, want you, sweaters, got attached, but you, let me, Wedding, get your, gotta, that I

But I에서 t(t)가 강모음과 약모음 사이에 놓이면 단타음(單打音)으로 되어 t도, d도, r도 아닌 발음이 된다. But I는 '버라이'에 가깝게 발음된다. 이 소리는 한글로 정확하게 표기할 수 없으며 오직 소리로만 익힐 수밖에 없다. 특히 미국영어(American English)에서 두드러진 현상이다. sweaters, got attached, Wedding, gotta와 that I도 마찬가지 경우이다.

need you에서 need의 d[d]와 you의 y[j]가 합쳐져 서로 닮아서 [ʤ]로 바뀌어 '니 쥬'에 가깝게 발음된다. 따라서 이런 현상은 영국영어(British English) 보다 미국영어(American English)에서 자주 나타나는 현상이다.

hate you에서 hate의 t[t]와 you의 y[j]가 합쳐져 서로 닮아서 [tʃ]로 바뀌어 '헤이 츄'에 가깝게 발음된다. hate의 끝부분에 있는 모음 e는 약하게 발음되기 때문에 무시해도 될 정도이다. 이런 현상은 영국영어(British English) 보다 미국영어(American English)에서 자주 나타나는 현상이다. want you, but you와 get your도 마찬가지 경우이다.

let me에서 Let의 t는 바로 뒤에 나온 me의 m을 닮아 t가 m으로 바뀌어 Lemme로 표기하기도 하지만, 발음은 대부분 '레미'로 발음된다.

4) 줄어진 소리(축약)의 경우

can't, Don't, I'll, I'm, wouldn't, You're, it's, she's, you've

부정형인 can't, Don't와 wouldn't, 도우미동사(조동사)의 경우인 I'll, be 동사의 경우인 I'm, You're, it's와 she's, have 동사의 경우인 you've가 있다. 이 가운데 I'll에서 'll이 한국인이 발음하기에 가장 힘든 예이다. 그 이유는 'll은 will의 줄인 형태인데 'll'이 한국어에 없는 발음으로, 'l'은 혀를 입천장에 붙여서 소리를 내야 하는데, 한국어에는 이렇게 소리를 내는 것이 없기 때문이다.

5) 주의해야 할 발음

why, when, can't, can, what, could have been[couda been], drinks, control, trust

why, **wh**en과 **wh**at에서 wh~로 시작되는 낱말은 'w'뒤에 있는 'h'의 소리가 보통 들리지 않는다. 그러니까 why는 '화이'라기 보다 '와이'에 가깝게, when은 '휀'이라기보다 '웬'에 가깝게, what은 '홧'이라기보다 '왓'에 가깝게 발음된다. 그러나 사람과 관련된 who, whose, whom은 예외로 'h'의 소리가 그대로 난다.

can't와 **can**은 도우미동사로 기능낱말이기 때문에 약하게 발음한다. 그런데 can't 다음에 자음이 나오기 때문에 탈락되는 경우가 대부분이어서 can은 [kən]으로 can't는 [kæn]으로 발음하기로 약속이 되어 있다. 그런데 can이 문장 가운데 들어가는 경우가 [kən]으로 주로 발음되고 문장의 끝에 들어가는 경우에는 [kæn]으로 발음되는 경우가 대부분이다. can't는 기본적으로 [kæn]으로 발음되면서 can 보다 약간 길게 발음되는 경향이 있다.

could have been[couda been]은 도우미동사의 과거+have+과거분사의 형태이다. 이런 형태로 되어 있는 경우에는 세 개의 낱말이 한 박자를 받아야 하기 때문에 주어진 시간 안에 발음하려면 일부를 줄이거나 또는 약하게 발음할 수밖에 없다. 이 세 개의 낱말 가운데 have가 've로 하거나 have로 되어 있다 할지라도 발음을 약하게 해야된다. could have been은 '쿠드 해브 빈'이 아니라 '쿠러브빈'에 가깝게 발음된다.

drinks에서 'dr~'의 발음은 '드__'와 '주'의 중간쯤 되는 소리로 '쥬'에 가깝게 발음된다. drinks는 '드링크스'라기 보다 '쥬링스'에 가깝게 발음된다.

con**tr**ol과 **tr**ust에서 'tr~'의 발음은 '츠___'와 '추'의 중간쯤 되는 소리로 '츄'에 가깝게 발음된다. control은 '컨트롤'이라기 보다 '컨처롤'에 가깝게, trust는 '트라스'라기 보다 '츄라스트'에 가깝게 발음된다.

6) 기타

wanna

wanna는 허물없이 발음하는 경우의 예이다. wanna는 want to인데 입말체에서 '완터 투'로 발음하지 않고 '와너'로 발음하고, want to로 표기가 되어 있더라고 말을 할 때는 wanna로 발음하는 경우가 대부분이다. want to에서 wanna로 바뀌는 과정은 '팝송 영어 소리를 제대로 듣는 요령'에 나와 있는 설명을 참고하기 바란다.

* 팝송에 들어 있는 쓸모 있는 영어 표현들

1. but I can't put / Nobody else above you: **above**는 전치사, 부사와 형용사로 쓰인다. '(위치나 지위 면에서) …보다 위에[위로], (수·나이 등이) …보다 많은, …을[를] 넘는, (너무 착하거나 정직하여) …하지 않는, …을[를] 초월한, (소리가) …보다 높은 [더 잘 들리는]'이란 뜻과 '(중요도·품질 등이) …보다 위인, …보다 우위인'이란 뜻의 전치사로 쓰인다. 이 노래에서는 후자인 '…보다 위인, …보다 우위인'즉, 중요한 존재로 생각하고 있다고 볼 수 있다. 예문들은 다음과 같다.

I value my family **above** everything else.
(나는 무엇보다도 가족을 가치 있게 여긴다.)

I rate her above most other players of her age.
(나는 그녀가 동년배의 다른 대부분 선수들보다 낫다고 본다.)

This wine is head and shoulders above that one.
(이 와인은 저 와인보다 단연 뛰어나다.)

2. Fucked around and got attached to you: **fuck around**는 '빈둥거리다'라는 뜻으로 쓰인다. 예문들은 다음과 같다.

Stop **fucking around** and give me a hand
(빈둥거리지 말고 날 도와줘.)

You're not here to fuck around. You have work to do.
(여기서 빈둥거리지 말고, 가서 일이나 하라고.)

get attached to는 '~에 집착하다, ~에 애착이 가다'라는 뜻으로 쓰인다. 예문들은 다음과 같다.

I **got attached to** her ever since.
(그때부터 그녀에게 정이 들었어요.)

You get attached to what resists to you or escapes you.
(너를 거부하거나 너에게서 멀어지는 것들에 집착하게 된다.)
It's natural to get attached to things you've used for a long time.
(오래 사용한 물건에는 애착이 가기 마련이다.)

3. Friends can break your heart too: **break one's heart**는 '누구를[을] 비탄에 잠기게 [몹시 슬프게] 하다; 누구를[을] 실망시키다, 비탄에 빠뜨리다, 실연시키다'라는 뜻으로 자주 쓰인다.

She cried fit to **break her heart**.
(그녀는 가슴이 찢어질 듯이 울었다.)
Love will always and forever break your heart.
(사랑은 언제나 그리고 영원히 너의 마음을 아프게 할 거야.)
But he is also a man whose voice can break your heart.
(하지만 그의 목소리만은 듣는 이의 가슴을 에이게 하지요.)

4. I type a text but then I never mind that shit: **type a text**는 '텍스트를 입력하다'라는 뜻이다. 여기서 text는 '글, 문자'를 일컫는다.

5. keep it on the low: **keep on the low**는 글자 그대로 '낮은 곳에 두다[보관하다]'라는 것은 어떤 것을 드러내지 않거나 은밀하게 처리하는 것을 표현할 때, 잘 보이지 않게 한다는 의미에서 on the down low라고 한다. 따라서 keep on the low는 '어떤 것을 비밀로 하다'라는 뜻으로 쓰인다. 이런 뜻의 영어는 keep on the down low로 쓰이는 경우가 대부분이다. 예문들은 다음과 같다.

Let's **keep** it **on the down low**.
(우리 그걸 그냥 비밀로 남기자.)
I want to keep this on the down low for now.
(저는 지금은 이것을 비밀로 하고 싶어요.)
We're going to have to keep this on the down low.
(우린 이것을 비밀로 해야 할 거야.)

6. You're still in love with me: **be in love with**는 1) '~와 사랑하고 있다, ~와 사랑에 빠지다'와 2) '~를[을] 아주 즐거워하다, ~를[을] 너무 좋아하다'라는 뜻으로 쓰인다. 예문들은 다음과 같다.

1)의 예문들은 다음과 같다.

I'**m in love with** the girl!
(나는 그녀와 사랑에 빠졌어!)

She was in love with him.
(그녀는 그를 사랑하고 있었다.)

It's a boy that was in love with me.
(날 좋아했던 애.)

2)의 예문들은 다음과 같다.

He'**s in love with** his work.
(그는 자기 일을 아주 즐거워한다.)

I was in love with my bed.
(나는 내 침대를 너무 좋아했어요.)

And I'm in love with April.
(그리고 난 사 월을 너무 좋아해요.)

7. I would never let me go: **let go**는 let sb go로 쓰여 1) '~를[을] 풀어 주다[석방하다], 가게 내버려 두다'와 2) '~를[을] 해고하다'로, let sb/st go로 쓰여 3) '(손으로 잡고 있던 것을) 놓다'와 4) '(생각 · 태도 · 장악하고 있던 것을) 버리다[포기하다]'와 let sth go로 쓰여 5) '(집 · 정원 등을 돌보는 것을) 그만두다'라는 뜻으로 쓰인다. 이 노래에서는 1)의 뜻으로 쓰이고 있다.

1)의 예문들은 다음과 같다.

Please **let** me **go**.
(제발 나 좀 가게 해줘.)

You just have to let go of him.

(당신은 그냥 그를 보내줘야 해.)

No matter what happens, don't let go.

(무슨 일이 생긴다 하더라도 보내지 마라.)

2)의 예문들은 다음과 같다.

Business was slack and many employees were **let go**.

(불경기 탓으로 많은 종업원들이 해고됐다.)

Hearing the words "you've been let go" is never easy.

("당신은 해고 됐습니다"는 말을 듣는 것은 결코 쉽지 않습니다.)

They're having to let 100 employees go because of falling profits.

(그들이 수익 감소 때문에 백 명의 직원을 해고해야 할 것이다.)

3)의 예문들은 다음과 같다.

Let go of my hand.

(손 좀 놓아 주시오.)

Don't let go of the rope.

(줄을 놓아서는 안 돼.)

Let go! You're hurting me!

((이 손) 놔! 아프단 말이야!)

4)의 예문들은 다음과 같다.

It's time to **let** the past **go**.

(이제 과거는 버려야 할 때이다.)

It's time to let go of the past.

(이제 과거는 버려야 할 때이다.)

I let go of the hate, the rage and the envy.

(나는 미움과 노여움 그리고 부러움도 버렸다.)

5)의 예문은 다음과 같다.

I'm afraid I've **let** the garden **go** this year.
(올해는 정원 가꾸는 일을 그만두어야 할 것 같다.)

8. I don't mean no harm: **mean no harm**은 '(~를) 해칠 의도가 없다[(~에게) 악의는 없다]'라는 뜻으로 쓰인다. 여기서 mean는 '…을[를] 의도하다[뜻하다/작정하다]'라는 뜻이다.

I **mean** you **no harm**.
(난 당신에게 피해를 줄 생각은 없어요.)

He may look fierce, but he means no harm.
(그가 보기에는 사나워 보일지 몰라도 전혀 악의는 없다.)

They shook hands to mean no harm to each other.
(그들은 서로를 해치지 않는다는 것을 의미하기 위해 악수를 했습니다.)

9. Sometimes you gotta burn some bridges: **gotta**는 have got to나 have got a를 글로 쓴 형태이다. 예문들은 다음과 같다.

Gotta cigarette?
(담배 있수?)

Prices are high and our kids gotta eat.
(물가는 비싸고 우리 아이들은 먹어야 한다.)

I am not feeling well. Gotta take the rest of the day off.
(나는 몸이 안 좋아. 조퇴해야겠어.)

burn bridges는 글자 그대로 '다리들을 태우다'라고 할 수 있는데, '건너온 다리들을 모두 태워버려라'에서 비롯되었다고 볼 수 있을 것입니다. burn your bridges behind you '배수진을 치다, 돌이킬 수 없는 결정을 하다, 행동 방침에 전념하다, 다시는 돌이킬 수 없게 만든다, 관계를 영원히 악화시키다'라는 뜻이다.

Think carefully before you resign—you don't want to **burn** your **bridges**.
(사직하기 전에 신중히 생각해. 다시 돌이킬 수 없게 만들고 싶지 않으면.)

If you drop out of school now, you'll be burning your bridges behind you.
(만약 네가 지금 학교를 그만둔다면 너는 아마 돌이킬 수 없게 될 것이다.)

If you get mad and quit your job, you'll be burning your bridges behind you.
(만일 자네가 화가 나서 일을 그만두고 말면, 자네는 물러설래야 물러설 수 없는 상황에 빠진다구.)

10. I should stop reminiscing: **stop 동명사**는 '~하는 것을 멈추다, ~하고 있는 것을 멈추다/그만두다'라는 뜻이다. 그런데 stop to 부정사는 '~하기 위해서 멈추다'라는 뜻으로 쓰인다. 예문들을 들면 다음과 같다.

He **stop to kiss** her.
(그는 그녀에게 입맞춤하려고 멈춰서다.)

He **stop kissing** her.
(그는 그녀에게 입맞춤하는 것을 멈추다.)

She stopped seeing it.
(그녀는 그것을 보는 것을 그만두었다)

She stopped to see it.
(그녀는 그것을 보기위해 걸음을 멈추었다)

reminisce는 '(행복했던 시절에 대한) 추억에 잠기다, 추억담을 나누다'라는 뜻으로 쓰인다. 예문들은 다음과 같다.

We spent a happy evening **reminiscing** about the past.
(우리는 과거의 추억담을 나누며 행복한 저녁 시간을 보냈다.)

I don't like reminiscing because it makes me feel old.
(나는 내 자신이 늙었다는 생각이 들기 때문에 추억에 잠기는 것이 싫다.)

She gently closed her eyes and reminisced about the past.
(그녀는 살포시 눈을 감고 과거를 회상했다.)

11. I guess this is moving on: **move on**은 1) '(새로운 일 · 주제로) 옮기다[넘어가다]'와 2) '…로 넘어가다[이동하다]'라는 뜻으로 쓰인다. 이 노래에서는 2)의 뜻이 비유적으로 쓰이고 있다.

1)의 예문들은 다음과 같다.

Can we **move on** to the next item on the agenda?

(우리 다음 안건으로 넘어갈까요?)

Let's move on to the prickly subject of taxation reform.

(다음은 세제 개혁이라는 난제로 넘어가 보기로 하지요.)

I've been in this job long enough—it's time I moved on.

(난 이 직장에 너무 오래 있었다. 이제 옮겨야 할 때이다.)

2)의 예문들은 다음과 같다.

If you won't **move on**, I will.

(만약 네가 계속 움직이지 않으면, 내가 움직일거야.)

Don't you think it's time to move on?

(너는 지금 움직여야 할 때라고 생각하지 않니?)

Perhaps you've tried to move on too quickly.

(아마도 당신은 너무 빨리 옮기려고 하는 것 같아요.)

12. You don't give a damn about me: **give a damn**은 '관심을 갖다, 신경을 쓰다'라는 뜻으로 쓰인다. 대개 부정문으로 쓰이고 있다. 예문들은 다음과 같다.

Nobody **gives a damn** about us.

(아무도 우리에게 신경을 쓰지 않는다.)

Most companies don't give a damn about the environment.

(대부분의 회사들은 환경에 대해 전혀 신경 쓰지 않는다.)

I've made my decision and I don't give a damn about what they think.

(나는 결심했어. 그리고 그들의 무엇을 생각하는지 전혀 신경 쓰지 않아.)

13. I watch you watch her: **I watch you watch her**는 '너가 그녀를 지켜보는 너의 모습을 지켜보고 있다'라는 뜻이다. 주된 동사 watch 다음에 목적어(you)가 오고 그 다음에 to 부정사(to watch)가 오는 것이 일반적이다. 그렇지만 주된 동사 자리에 감각동사(지각동사)가 오면 그 다음 목적어 다음에 알몸동사(원형동사)(watch)가 온다. 이런 감각동사에는 watch 이 외에 see, hear, listen to, feel과 notice가 있다.

14. That you are slowly killing me: **be killing me**는 글자 그대로 '나를 죽이고 있어'라는 뜻이지만 일반적으로 '~ 때문에[로] 죽겠어'라는 뜻으로 이해할 수 있다.

My job **is killing me**.

(나 직장 때문에 죽을 지경이야.)

My feet are killing me.

(난 다리가 아파 죽겠다.)

I've got too much work to do, and it's killing me.

(나에게 일이 너무 많아서 죽을 맛이다.)

기억할 만한 영어 문장

1. I still can't seem to tell you why.
   (난 아직도 너에게 이유를 말할 수 없을 것 같애.)
2. I can't put nobody else above you.
   (너보다 중요한 다른 어떤 사람을 생각할 수 없어.)
3. I want to feel your kiss against my lips.
   (난 내 입술에 닿는 네 키스를 느끼고 싶어.)

* 팝송 에세이

이 노래는 헤어진 남녀가 서로를 증오하는 동시에 그리워하는 두 감정이 적절하게 섞인 내용임을 알 수 있다. 내쉬(Gnash)의 말을 빌리면 "누군가를 그리워하는 건 짜증나는 일이지만 중요한 과정이다"라고 말했던 만큼 이별을 겪는 건 슬프고 힘든 일이지만 그만큼 사람을 더욱더 성장시키고 성숙하게 만들 수 있을지도 모를 일이다.

그냥 쉽게 이야기할 때는 사랑하는 사람에게는 사랑하는 감정만 가질 것 같은데 한 걸음 더 들어가서 사랑하는 사람의 심리를 좀 더 깊이 들여다보면 마음에 들지 않는 마음 달리 표현하면 증오의 감정도 가질 수 있는 것이다. "난 널 증오해 난 널 사랑해 / 내가 널 사랑한다는 사실이 싫어 / 그러고 싶지 않은데, 하지만 난 / 너보다 중요한 다른 어떤 사람을 생각할 수 없어 / 난 널 증오해 난 널 사랑해 /내가 널 원한다는 사실이 싫어"라는 표현이 사랑과 증오의 감정을 동시에 드러내는 심리를 드러내는 표현이다. 어쩌면 이런 표현이 자신의 감정을 솔직하게 숨기지 않고 표현하는 것이라고 볼 수 있다. 아무리 사랑하는 대상이라 할지라도 영원히 예전과 똑같이 사랑할 수 있는 존재는 아닐 수 있기 때문이다. 인간은 한편으로는 이기적이면서 드물게 이타적인 면도 보이기 때문에 온전히 대상을 만족시킬 수 있다는 점에서는 회의감을 드러낼 수 있기에.

진정으로 사랑하는 사람에게 갖는 감정은 애증공존의 감정인 'ambivalence'일 것입니다. 'ambivalence'는 하나의 대상에 대해 상반되는 감정을 갖게 될 때 이야기할 수 있는 개념이다. 어쩌면 애증공존의 감정이 인간의 보편적인 애정 심리를 나타내고 있는 것이 아닐까라고 생각해 본다. 대상을 가장 사랑하기에 그 사랑이 충족되지 못할 때는 더더욱 실망감 또한 커질 수밖에 없다. 기대가 크면 실망도 크다고 했던가? 이런 애증공존의 감정 가운데 가장 기본적인 사회 단위가 가족이다. 가족 구성원의 경우에는 사랑하는 감정이 우선시 되지만 그런 사랑의 감정 수준에 도달하지 못할 때 그만큼 아쉬움과 실망감이 클 수밖에 없다. 사랑하는 연인의 사이에서는 싫어하거나 증오하는 감정이 일어나면 필요에 따라 헤어질 수도 있다. 그렇지만 가족 구성원들 사이에는 헤어질 수 없는 특별한 사회 구성 단위이기 때문에 구성원들 사이에 애증공존의 감정이 일어나게 되면 그만큼 고통 또한 클 수밖에 없다. 그래서 더 많은 애정과 사랑이 필요한 곳에 가정이 아닐까 생각해 본다.

찾아보기